<그리스도인이면 꼭 알아야 할 성경 지식>

성경에 등장하는
전쟁의 역사 I

서울솔로몬학교 성경연수원

차 례

이 책에 인용된 성경 구절은 〈한글킹제임스성경〉입니다.

제1과
위대한 재림의 예표 기브온 전투

『태양이 멈추고 달이 머물렀으니 백성이 그 원수에게 원수를 갚기까지 하였느니라. 해가 하늘 중간에 멈추어서 거의 종일 속히 내려가지 아니하였다고 야셀의 책에 기록되지 아니하였느냐?』(수 10:13)

진정한 그리스도의 군사

지역 교회를 강성하게 지켜 내기 위해서는 성도들 대다수가 영적으로 성숙하지 못한 어린아이들로 남아서는 안 되고, 반드시 그리스도의 강한 군사로 성장해야 한다. 하나님의 전쟁을 수행했던 용사들은 시대마다 있었고, 시국이 평안할 때는 물론, 위태로울 시에는 더 큰 힘과 용기를 발휘했다. "난세에 영웅이 난다."라고 했으니, 진정한 용사는 위기의 때에 그 진가를 발휘한다. 구약 시대에 위대한 왕들을 수행한 힘센 용사들이 있었다면, 교회 시대에는 만왕의 왕이신 예수 그리스도를 따르는 "믿음의 용사들"이 있다. 모든 성도는 믿음의 선한 싸움을 위하여 소집된 그리스도의 군사들이다(딤전 6:12). 군사라면 응당 충성스러운 "진정한 군사"가 되어야 한다.

✍ 영적 전쟁에서 가장 중요한 무기는 "하나님의 말씀"인 "칼"이다(히 4:12).

1. 성경은 성도들의 영적 전쟁을 위한 "최고의 전략서"이다.

➠ 전쟁에서 가장 중요한 것은 "**전략**"(Strategy)이다.

1) 전략이란 단어는 "군대의 지도자"를 뜻하는 "스트라테고스"(헬라어)에서

유래한다.

2) 전략은 최상의 군대를 조직하고, 공격과 방어, 대형 유지와 지형 상황에 걸맞은 군대 배치, 유리한 고지와 우위를 점유하기 위한 책략, 역습과 포위, 우회 및 기만술, 심리전 등 전체적인 군사 작전을 지휘하는 기술을 의미한다.

3) 위대한 명장은 적의 어떤 공격에도 승리할 수 있는 "훌륭한 전략"을 갖고 있어야 한다. 성경은 누가 적이고, 그 특징은 무엇인지, 적의 공격 방법과 이동 경로, 적을 무찌를 수 있는 전략과 전술에 대해 상세하게 알려 준다.

2. 성경은 영적 전쟁에 필요한 모든 무기가 진열되어 있는 "최대의 병기고"이다.

➠ 대적인 마귀와 그의 수하들을 섬멸할 수 있는 각종 무기가 진열되어 있으며, 탄약도 부족함 없이 공급된다.

✍ 그리스도의 군사가 성경을 모르면 영적 전쟁에서 절대로 이길 수 없다. 성경은 단순한 종교 서적이 아니며, 현재, 과거, 미래의 역사를 다루는 역사책이다. 이 역사책 안에는 145회 이상의 전쟁이 기록되어 있고, 그중 10회의 전쟁에서는 사상자 수까지 언급되어 있다. 특히 여호수아부터 역대기하까지, 룻기를 제외한 8권의 책은 전쟁에서 사람들을 죽인 이야기로 가득 차 있다. 성경에 무지한 사람이 전쟁하겠다고 나서는 것 자체가 실로 무모한 짓인 것이다!

기브온 전투의 서막

1. 카나안 족속들의 부질없는 동맹

『요단 이편과 산지와 계곡과 레바논을 향한 대해의 모든 해변에 있는 모든 왕들과, 힛인과 아모리인과 카나안인과 프리스인과 히위인과 여부스인들이 그 소식을 듣고, 함께 모여 한 마음으로 여호수아와 이스라엘과 더불어 싸울 것을 정하더라』(수 9:1,2).

➠ 요단 강을 건넌 이스라엘이 여리코에 이어 아이 성까지 함락시키고 중원을 가로질러 파죽지세로 밀려오자, 카나안 땅의 여섯 개 족속이 "대(對) 이스라엘 동맹"을 맺었다. <u>이것은 부질없는 동맹이었고, 승산 없는 싸움을 위한 연합이었는데 그 이유가 무엇인가?</u>

1) 이스라엘은 "주 하나님께서 가까이하시는" 위대한 민족이었기 때문이다(신 4:7,8).

2) 하나님께서 보시기에 온 땅의 민족들은 "통 속에 있는 한 방울의 물"과 같고 "저울의 작은 티끌"과 같기 때문이다(사 40:15).

3) 그들 편에서는 하나님과 그분의 백성을 대적하기 위해 모이는 것이지만, 하나님 편에서 보면 주님께서 그들을 더욱 손쉽게 멸하시기 위해 그들을 모으시는 것이다.

4) 가나안 땅 거민들의 연합은, **재림 직전에 하나님을 대적하여 연합했다가 그분의 진노 가운데 멸망당하는 민족들의 모습**을 보여 준다.

『주가 말하노라. 그러므로 너희는 내가 일어나서 먹이로 삼는 날까지 나를 기다리라. 이는 내 결심이 민족들을 모으는 것임이니 내가 왕국들을 모아서 그들 위에 내 분노, 곧 나의 모든 격노를 쏟으리라. 이는 온 땅이 내 질투의 불로 삼켜질 것임이라』(습 3:8). 왜 모으시는 것인가? 하나님을 경멸하고, 그분의 말씀인 성경을 경시하고, 그분의 아들이신 예수 그리스도를 거부하고, 그분의 백성들인 유대인들을 억압한 그 민족들을 심판하시고 불태우시기 위해 모으시는 것이다. 그 연합한 민족들을 향해 복수를 행하시는 것이다.

2. 기브온을 향한 행군

1) 기브온 거민들이 겁을 먹고 이스라엘에 투항하여 그들과 화친하자, 예루살렘 왕 "아도니세덱"을 중심으로 "아모리인의 다섯 왕"이 연합하여 기브온을 대적했다(수 10:1-5).

〈두 명의 예루살렘 왕〉
❶ 멜키세덱(의의 왕) ➡ 예표 : 예수 그리스도
❷ 아도니세덱(의의 주) ➡ 예표 : 적그리스도

〈기브온 성읍이 있었던 언덕〉

➠ **대환란 때 아마겟돈에 집결할 적그리스도와 2억의 군대를 예표한다.**

2) 다급해진 기브온은 이스라엘이 주둔해 있는 길갈로 사람들을 보내 여호수아에게 "군사 원조"를 요청했다(수 10:6).

3) 여호수아는 서둘러 군사들을 이끌고 출정했고, 하나님께서는 그에게 승리를 약속해 주셨다(수 10:7,8). 이에 용기를 얻은 여호수아와 그의 군대는 길갈에서 기브온까지 약 30km에 이르는 거리를 "하룻밤 사이에" 매우 빠르게 이동하여 목적지에 도착했고(수 10:9), 그곳에서 아모리인들의 다섯 왕의 연합군을 상대로 위대한 승리를 거두게 된다.

기브온 전투의 승리 : 재림의 예표

1. 전사이신 하나님

✍ 전쟁을 직접 주관하고 싸우시는 분은 전사이신(출 15:3) 하나님이시다. 기브온 전투에서 주님께서는 적들을 직접 패주시키시고 큰 살육으로 죽이시며, 그들을 직접 추격하시고 치신다(수 10:10).

➠ "**재림 때**" 주님께서는 직접 『**용사같이 나가시어 전사와 같이 투기를 일으키시고 부르짖으며, 정녕 포효하여 그의 원수들을 쳐서**』 승리하시되(사

42:13), "홀로 포도즙틀을 밟으시고 분노와 진노 속에서 원수들을 짓밟으신다"(사 63:3).

> ✍ <u>주님께서는 하늘에서 우박 덩이들을 내리시어 적들을 죽이신다</u>(수 10:11). 우박 덩이들(hailstones)이 얼마나 컸던지 "큰 돌덩이들"(great stones)로 불리는데, 우박 덩이에 죽은 자가 이스라엘 자손이 칼로 죽인 사람 수보다 더 많았다. 우박은 눈과 더불어 "고난의 때"와 "싸움과 전쟁의 날"을 위하여 보고 안에 간직되어 있다(욥 38:22,23).

➡ "**<u>대환란</u>**"이라고 하는 전무후무한 "고난의 때"에 우박은 대단한 위력을 발휘하게 된다. "큰 우박들"(great hailstones, 겔 13:13)은 번개, 음성, 천둥, 지진 등과 더불어 대환란 때 하나님께서 죄인들을 심판하시고 진노를 쏟으시기 위해 사용하시는 주된 재앙이다.

❶ 대환란 때의 재앙을 보여 주는 "이집트의 열 가지 재앙" 중에 일곱 번째 재앙이 우박이었다(출 9:18-26).

❷ <u>출애굽 당시 이집트에 내려진 재앙들이 대환란 기간에도 반복되는데</u>, 대환란 때는 무게가 한 달란트나 되는 "큰 우박"(great hail)이 하늘에서 떨어진다(계 16:21).

재앙들	출애굽 당시	대환란 기간
물을 피가 되게 함	출애굽기 7:20	요한계시록 11:6
개구리	출애굽기 8:2	요한계시록 16:13
전염병	출애굽기 9:3-6,9,14,15	요한계시록 16:2
불, 천둥, "우박"	**출애굽기 9:23**	**요한계시록 16:8,18,21**
메뚜기	출애굽기 10:12-15	요한계시록 9:3
어두움	출애굽기 10:21-23	요한계시록 16:10

✍ <u>주님께서는 태양과 달을 멈추게 하셨다</u>(수 10:12-14). 태양과 달이 각각 "기브온"과 "아얄론 골짜기"에 머물렀다. 아얄론 골짜기는 기브온에서 서쪽으로 약 14km 떨어진 지점에 있다. 하나님께서 인간이 드리는 기도에 응답하셔서 인간의 직접적인 명령에 따라 자연 현상을 바꾸시고 천체를 멈추게 하시는 일은 극히 드물다(수 10:14). <u>이것은 예수님께서 폭풍우를 잠재우시고 자연 현상에 대해 명령하시는 모습을 생각나게 해 주는데, 이처럼 그것은 여호수아가 예수님의 예표였기 때문에 가능한 일이었다.</u>

➡ "<u>재림 때</u>" 주님께서 이스라엘을 위하여 다시 싸우실 때(14절) 민족들을 대적하여 전쟁의 날에 싸우셨을 때처럼 싸우실 것인데(슥 14:2,3), 이때도 태양과 달이 멈추는 사건이 다시 한번 반복될 것이다. **『해와 달이 아직도 그들의 처소에 멈춰 섰으니 그들이 주의 화살들의 빛과 주의 번쩍이는 창의 광채로 갔나이다』**(합 3:11).

✍ "<u>잃어버린 하루</u>"(상실된 하루, missing day) ➡ "24시간"

= 아하스의 해시계 그림자 각도의 "십 도"(40분, 사 38:8) + "23시간 20분"

해가 하늘 중간에 멈추어서 "거의 종일"(23시간 20분) 내려가지 않았다(수 10:13).

① 이 기적으로 인해 "기나긴 낮"과 "기나긴 밤"(지구 반대편)에 대한 이야기가 여러 다른 문화권에서 전해지고 있다(일례로 멕시코의 한 연대기에 따르면 "밤의 시간"이 연장되었다는 기록이 있음).

② 태양이 멈췄다고 했을 때 제자리에 완전히 멈춘 것은 아니었다. 왜냐하면 성경은 "완전히 내려가지 않았다."라고 하지 않고 "속히 내려가지 않았다."라고 말씀하기 때문이다.

③ 빠른 속도로 자전하던 지구가 속력이 갑자기 느려지게 된 것인데, 그렇게 되면 대기권에 큰 영향을 미쳐서 상당한 폭풍과 해일, 지진 등의 혼란이 일어날 수도 있어서 여호수아는 더 이상 전쟁을 수행할 수 없었을 것이다. 그러나 하나님께서는 여호수아가 승리할 수 있도록 해 주시기 위하여 지구의 속도가 느려지면서 생겨날 수 있었던 모든 물리적인 혼란들을 잠재우셨다.

■ 새롭게 깨달았거나 적용할 내용이 있다면 적어 보세요. ■

기브온 전투의 종결

『여호수아가 온 이스라엘과 더불어 길갈 진영으로 돌아오니라. 그러나 이 다섯 왕은 도망하여 막게다에 있는 굴에 숨었더니 누군가가 여호수아에게 고하여 말하기를 "다섯 왕이 막게다에 있는 굴에 숨은 것을 발견하였나이다." 하더라』(수 10:15-17)

➡ 이 위대한 기적이 일어나는 동안 적들은 더 이상 싸울 힘이 없었고 전의를 상실한 채 도망치기에 바빴다. 여호수아는 다섯 왕이 숨어 있는 굴 입구를 "큰 돌"로 막아버렸고(수 10:18), 왕도 없이 뿔뿔이 흩어지는 패잔병들을 추격하여 진멸시켰다(수 10:19).

■ 영적 전쟁과 관련하여 얻을 수 있는 일곱 가지 교훈 ■
〈굴속에 숨어든 다섯 왕 ➡ 성도의 삶 속에 숨어든 죄들의 실상〉

❶ 사탄에게 굴복했거나 하나님께 불순종하고 복종하지 않은 영역은, "막게다의 캄캄한 굴"처럼 죄들이 자리 잡기에 무난한 장소가 된다. 한번 죄들을 위한 거점이 마련되고 요새가 구축되고 나면 그것을 제거하기가 상당히 어렵다.

❷ 우리가 놓친 적들은(수 10:20) 쉽게 간과하는 죄들로서, <u>세상의 유치한 원리들을 끌어들여 자기 죄들을 정당화시키거나 성별의 기준을 낮출 때 슬며시 스며들어 온다.</u>

❸ 우리가 놓친 적들은 죄들을 향한 공격이나 압박의 수위를 낮출 때라든지, 죄들과의 싸움을 집요하게 지속하지 않을 때도 생겨난다(수 10:19). <u>적들을 완전히 끝까지 진멸시키지 못하고 놓치면 나중에는 제거하기가 훨씬 더 어려운 강력한 죄의 요새들에 직면하게 된다.</u>

❹ 일단 숨어 버린 적들은 제거하기가 쉽지 않기에 우선적으로는 막아 두고 봉쇄해야 한다. 다시는 그 안에서 나오지 못하도록, 다시는 우리 안에서 고개를 마음대로 쳐들지 못하도록 완전히 차단하고 감금해야 하는 것이다.

❺ 아직 숨지 못한 패잔병들을 추격하여 진멸시킨 다음에 앞서 봉쇄해 둔 숨은 적들을 처리해야 한다(수 10:21-25). 왕들의 목을 밟았다는 것은(수 10:24) 정복과 승리를 보여 주는 것으로서 적들 위에 군림하는 것을 의미한다.

❻ 죄가 우리 위에서 군림하는가, 아니면 우리가 죄 위에서 군림하는가에(롬 6:12-14) 영적 전쟁의 승패가 달려 있다. 죄들을 주님의 보혈 아래로 가져와 그 아래 굴복시켜야 한다. <u>또한 어떤 특정한 죄에 대해 승리를 맛보았다면 그것은 우리에게 또 다른 죄와 싸울 때 자신감과 담대함을 더해 줄 것이다.</u> 이것은 날마다 땅에 있는 지체들을 죽일 때(골 3:5) 가능한 일이다.

❼ 여호수아는 그 목을 짓밟은 왕들을 꺼내서 죽이고 나무에 매달았다(수 10:26). 승기를 잡았을 때 완전히 끝내야 한다. 전쟁의 승리는 그것을 완전히 종결지었을 때 얻을 수 있다. 그때까지는 죄와의 싸움을 멈추면 안 된다. 어설프게 놔두는 순간 원수들은 반드시 훗날을 도모한다. **『해질 때에 여호수아가 명하니 군인들이 그들을 나무에서 내려서 그들이 숨어 있던 굴 속으로 던지고 그 굴 입구를 큰 돌로 막았더니 그것이 바로 오늘까지 남아 있더라』**(수 10:27). <u>이것이 바로 기브온 전쟁의 종지부를 찍는 말씀이었다!</u>

남쪽 지역 정복 전쟁

✍ 기브온 전투는 그야말로 대승이었다. 하지만 여호수아는 전쟁의 고삐를 늦추지 않았고, 숨을 고를 틈도 없이 곧바로 남쪽 성읍들을 정복하기 위해 진격해 나갔다(수 10:28-43).

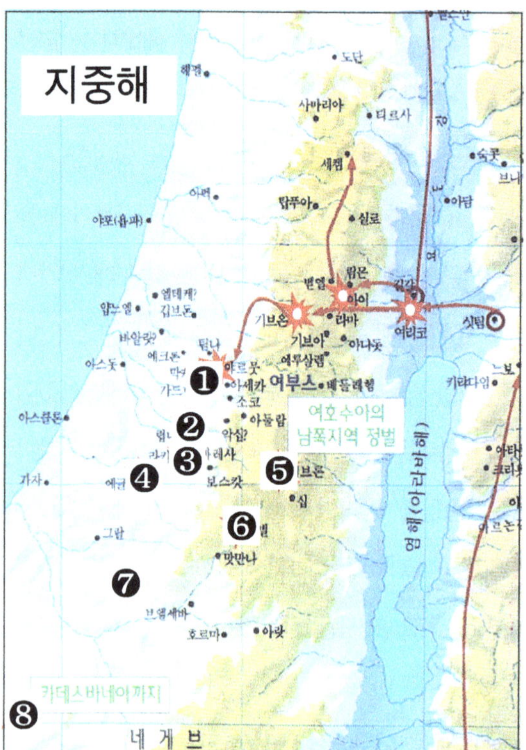

❶ 막게다 정복(28절)

❷ 립나 정복(29,30절)

❸ 라기스와 게벨 정복(31-33절)

❹ 에글론 정복(34,35절)

❺ 헤브론 정복(36,37절)

❻ 드빌 정복(38,39절)

❼ 산지, 남쪽, 계곡, 샘 정복(40절)

❽ 카데스바네아에서 가자까지 정복(41절)

"맹독을 품고 있는 뱀처럼 죄를 미워하고 피해야 한다"(피터 럭크만).

✍ 여호수아가 정복한 남쪽 지역의 성읍 중에서 "카데스바네아"를 주목해야 한다. 카데스바네아는 약 40년 전에 이스라엘이 카나안 땅으로 진군하기를 포기했던 지역이었다. 이곳에서 카나안 거민을 두려워하고 하나님을 온전히 신뢰하지 못한 죄 때문에 결국 40년 동안 광야를 방황해야 했던 것이다. 그런데 이스라엘은 지금 바로 그 지역까지 정복하게 되었다. 말하자면 이 부끄러움의 자리에서 수치와 치욕을 완전히 씻어버린 것이다. 여호수아와 칼렙은 얼마나 감격스러웠겠는가? 우리의 영적 전쟁도 마찬가지이다. 항상 실패했고 넘어져 왔던 자리에서, 항상 포기해 왔던 바로 그 자리에서 승리를 거둔다면 그것만큼 감격스러운 일도 없을 것이다.

➠ 마침내 여호수아는 남쪽 정복 전쟁을 마치고 이스라엘 백성들과 더불어 다시 최초의 길갈 진영으로 돌아왔다(수 10:43). **『여호수아가 이 모든 왕과 그들의 땅을 한 번에 취했으니 이는 이스라엘의 주 하나님께서 이스라엘을 위하여 싸우심이라』**(수 10:42). 여기서 "한 번에 취했다"는 말씀은 최초 기브온 전투를 시작으로 마지막 드빌 전투에 이르기까지 "단 한 차례"의 원정을 통해 남쪽 성읍들을 멸하고 차지했음을 의미한다.

〈기브온 전투를 통해 배우는 세 가지 영적인 교훈들〉

① 성경은 종교적인 책이 아니라 역사책이다. 특히 여호수아는 전쟁에 관한 역사적인 내용들로 가득 차 있다. 그렇다면 하나님께서는 왜 이런 역사적인 내용을 성경에 기록하신 것인가? 첫째, 하나님께서 역사를 주관하시는 분임을 알려 주시기 위해서이다. 둘째, 하나님께서는 인간의

역사에 관심을 두고 계신다는 사실을 보여 주시기 위해서이다. 셋째, 우리가 그 역사를 통해 무언가를 배우기를 원하시기 때문이다(롬 15:4, 고전 10:11). 문제는 인간은 결코 역사로부터 교훈을 배우지 않는다는 데 있다. 여리코 왕부터 시작해서 카나안 땅의 모든 왕들은 자기들보다 앞서서 멸망하고 정복당한 성읍들과 앞서 있었던 "역사적인 전투와 패배"로부터 교훈을 얻지 못했던 것이다. 똑같이 멸망할 것인가, 아니면 하나님께로 완전히 돌아섬으로써 멸망을 피할 것인가? 이것은 역사로부터 교훈을 얻을 것인가, 아니면 교훈을 거부한 채로 멸망의 길을 지속할 것인가에 달려 있다고 해도 과언이 아니다.

② 하나님께서는 어떤 중요한 내용에 대해서는 반복해서 기록하신다. 여호수아 10장에서 정복당한 남쪽 지역의 성읍들의 경우(28-41절) 구절마다 성읍의 이름만 바뀌었지, 그 성읍이 어떻게 멸망했는지에 관한 내용은 거의 똑같다. 주님께서는 반복을 중요하게 여기신다(사 28:10, 빌 3:1).

③ 성읍들은 하나같이 칼날로 멸망했다(수 10:28-41). 이스라엘 백성에게 칼 이외에 창이나 돌을 던지는 투석기 같은 다른 무기가 없지는 않았을 것이다. 그러나 유독 "칼"이란 단어를 반복해서 기록하신 것은 우리의 영적 전쟁에서 가장 중요한 무기가 무엇인지를 보여 주시기 위해서이다. 그것은 바로 "하나님의 말씀"이다(히 4:12, 엡 6:17). 죄에 대한 승리, 마귀의 미혹과 세상의 유혹에 대한 승리, 우리 육신에 대한 승리는 내가 성령의 칼인 하나님의 말씀을 얼마나 정확하고 빠르게 빼서 효과적으로 사용하느냐에 달려 있다는 것을 기억해야 한다.

제1과
복습문제

1. 기브온 전투의 승리는 (   )의 예표이다(수 10:10-14).

2. 전쟁을 직접 주관하고 싸우시는 분은 (   )이신(출 15:3) 하나님이시다. 기브온 전투에서 주님께서는 적들을 직접 패주시키시고 큰 살육으로 죽이시며 그들을 직접 추격하시고 치신다(수 10:10). "재림 때" 주님께서는 직접 『(   )같이 나가시어 (   )와 같이 투기를 일으키시고 부르짖으며, 정녕 포효하여 그의 원수들을 쳐서』 승리하시되(사 42:13), "홀로 포도즙틀을 밟으시고 분노와 진노 속에서 원수들을 짓밟으신다"(사 63:3).

3. 기브온 전투에서 주님께서는 하늘에서 (   )덩이들을 내리시어 적들을 죽이신다(수 10:11). (   )은 눈과 더불어 "(   )의 때"와 "싸움과 전쟁의 날"을 위하여 보고 안에 간직되어 있다(욥 38:22,23). "대환란"이라고 하는 전무후무한 "(   )의 때"에 (   )은 위력을 발휘하게 된다. 대환란 때의 재앙을 보여 주는 "이집트의 열 가지 재앙" 중에 일곱 번째 재앙이 (   )이었다(출 9:18-26).

4. 기브온 전투에서 주님께서는 (   )과 (   )을 멈추게 하셨다(수 10:12-14). "재림 때" 주님께서 이스라엘을 위하여 다시 싸우실 때(수 10:14) 민족들을 대적하여 전쟁의 날에 싸우셨을 때처럼 싸우실 것인데(슥 14:2,3), 이때에도 (   )과 (   )이 멈추는 사건이 다시 한번 반복될 것이

다. 『(　　　)와 (　　　)이 아직도 그들의 처소에 멈춰 섰으니 그들이 주의 화살들의 빛과 주의 번쩍이는 창의 광채로 갔나이다』(합 3:11).

5. 기브온 전투에서 굴속으로 숨어든 다섯 왕은 성도의 삶 속으로 숨어드는 (　　　)의 실상을 보여 준다. 사탄에게 굴복했거나 하나님께 불순종하고 복종하지 않은 영역은, "막게다의 캄캄한 굴"처럼 죄들이 자리 잡기에 무난한 장소가 된다. 한번 죄들을 위한 거점이 마련되고 (　　　)가 구축되고 나면 그것을 제거하기가 상당히 어렵다.

6. 우리가 놓친 적들은(수 10:20) 쉽게 간과하는 죄들로서, 세상의 유치한 원리들을 끌어들여 자기 죄들을 정당화시키거나 (　　　)의 기준을 낮출 때 슬며시 스며들어 온다. 또한 우리가 놓친 적들은 죄들을 향한 공격이나 압박의 수위를 낮출 때라든지, 죄들과의 싸움을 (　　　)하게 지속하지 않을 때도 생겨난다(수 10:19).

7. 여호수아는 그 목을 짓밟은 왕들을 꺼내서 죽이고 나무에 매달았다(수 10:26). 승기를 잡았을 때 완전히 끝내 버려야 한다. 전쟁의 승리는 그것을 완전히 (　　　)지었을 때 얻을 수 있다. 그때까지는 죄와의 싸움을 멈추면 안 된다. 어설프게 놔두는 순간 원수들은 반드시 훗날을 도모한다. 『해질 때에 여호수아가 명하니 군인들이 그들을 나무에서 내려서 그들이 숨어 있던 굴 속으로 던지고 그 굴 입구를 큰 돌로 막았더니 그것이 바로 오늘까지 남아 있더라』(수 10:27). 이것이 바로 기브온 전쟁의 (　　　)를 찍는 말씀이었다!

■ 복습 문제의 정답은 홈페이지(www.solomonbtc.org)에서 확인할 수 있습니다.

NOTES

NOTES

제2과

아말렉 족속과의 끈질긴 전쟁

『말하기를 "이는 **主**께서 대대로 아말렉과 싸우리라고 **主**께서 맹세하셨기 때문이라."하더라』(출 17:16).

아말렉은 누구인가?

"아말렉"(Amalek)은 적그리스도의 예표인 에서의 손자이자 족장이었다(창 36:12,16). 그의 자손들은 카나안 남부인 에돔 지역을(민 13:29) 중심으로, 동쪽으로는 하윌라에서부터 서쪽으로는 이집트 건너편 술에 이르는 지역까지(삼상 15:7) 퍼져서 거주하고 있었다. 아말렉에는 "골짜기의 거주자" 또는 "용사"라는 의미가 있다. 그리고 그 단어의 히브리어 어근은 "죄," "실수," "괴롭게 하다," "해악," "사악함" 등의 뜻이 있다. 아말렉은 이집트에서 나온 이스라엘 민족을 첫 번째로 공격한 민족으로(민 24:20) "그가 하나님을 두려워하지 않았다."라고 기록되어 있다(신 25:18). 이것이 하나님께서 아말렉과 대대로 싸우시는 "원인"이 되었다.

아말렉은 영적으로 성도 안에 있는 "옛 성품" 또는 "육신"의 유형이다. 뒤에 쳐진 이스라엘의 연약한 자들을 공격했던 것처럼, 피곤함에 지쳐 있을 때 성도들의 연약함을 파고들고 공격하며 무너트리려는 것이 육신이다. 아말렉의 공격은 믿는 자 안에서 일어나는 두 성품 사이의 영적 전쟁을 완벽하게 보여 준다(갈 5:17). 하나님께서는 일찍이 "육신과의 전쟁"을 선포하셨다(신 25:9). 예수님께서 공중으로 재림하셔서 성도들의 몸이 구속받을 때 이 끈질긴 전쟁은 끝나게 될 것이다(롬 8:23). 그리고 메시아께서 지상에 재림하셔서 약속하신 땅이 안식을 누리게 될 때 아말렉에 대한 기억은 완전히 지워지게 될 것이다(신 25:19).

아말렉과의 제1차 전투(출 17:8-16, 신 25:17-19)

1. 이집트를 탈출한 이스라엘이 르피딤에 이르렀을 때 이스라엘은 계속된 행군으로 피곤함에 지쳐 있었다. 이때 아말렉은 이스라엘을 전면에서 공격하는 대신, 후면에서 뒤에 쳐진 연약한 자들을 공격했다(신 25:18).

1) 성도들이 영적인 것을 갈망하고 갈급해 하는 동안, 육신은 르피딤에서 물질적인 물에 목말라 한다(출 17:1-3, 롬 7:22-25).

2) <u>성령의 역사 뒤에 육신은 늘 성령의 역사를 반목한다</u>.

(1) 죽은 자들로부터의 부활이 증거되었을 때 사람들이 그것을 믿자, 반대편에 있던 사람들은 곧바로 이것을 부인하고 반발하며 무력까지 동원하며 나선다(요 11:44-47, 마 26:47).

(2) 하나님의 말씀이 강하게 역사하자, 사람들은 다른 사람들을 매수하여 거짓말하게 만든다(행 6:7-11).

(3) 성령의 역사로 큰 기쁨이 있을 때, 성령의 역사를 돈으로 매수하려 하기도 한다(행 8:7,8,18,19).

(4) 죄인들이 말씀으로 찔림을 받을 때, 이를 시기하여 대적하고 반박하며 모독하기도 한다(행 13:44,45).

3) 육신은 그것이 죽거나 몸이 구속되기 전까지 항상 죄인 안에 도사리면서 기습 공격할 때를 살피고 있다.

4) 지역 교회 안에 무질서한 자들과 낙담한 자들과 약한 자들(살전 5:14) 사이를 파고들어 불만을 부추기고, 교회 전체를 내분과 배교의 소용돌이에 휘말리게 만든다.

자신의 육신 안에 있는 "아말렉," 곧 자신의 육신 가운데 가장 취약한 부분이 무엇인지 적어 보세요.

➡

____

____

2. 전쟁의 책임이 선지자(모세), 제사장(아론), 왕(훌 - 유다 지파)에게 있다.

1) 전쟁은 하나님께서 치르신다(슥 4:6, 삼상 17:47, 시 24:8).

2) 모세의 손이 들어 올려져 아론과 훌에 의해 양쪽에서 고정된 것은, 예수

그리스도의 두 팔이 십자가에 못 박혀 고정된 것을 보여 준다(출 17:12).

『그러나 모세가 손이 무거워지니, 그들이 돌을 가져다가 모세 아래다 놓더라. 그가 그 위에 앉자 아론과 훌이 하나는 이편에서 하나는 저편에서 모세의 손을 붙들어 그의 손이 해가 질 때까지 그대로 있더라』(출 17:12).

(1) 예수 그리스도께서는 반석으로서 죄인들을 위해 맞으셨고, 들어 올려지셨다(출 17:6,12).

(2) 예수 그리스도의 인격 안에 있는 성령께서는 우리를 위해 중보하신다(출 17:12).

(3) 그리스도인의 기도는 십자가에 못 박히신 선지자의 피로 인한 완성된 속죄에 근거한다(출 17:12).

(4) 그리스도인의 승리는 십자가에 있다.

➡ 그리스도인은 성령께서 성도들을 위해 싸우시는 모든 싸움에 반드시 기도로 동참해야 한다(롬 6:1-8, 딤전 2:8, 엡 6:18).

3) 모세의 손이 해가 질 때까지 그대로 있었다.

(1) 예수 그리스도께서는 자신의 일이 끝나기 전까지 움직이지 않으셨다

(히 12:1-3, 요 19:30).

(2) 기도의 용사는 죽기까지 신실해야 한다(계 2:10).

(3) 예수 그리스도의 참된 용사들은 손이 칼에 들러붙을 때까지 싸워야 한다(삼하 23:10).

3. 싸움을 진두지휘하는 군대 대장의 역할이 여호수아에게 맡겨졌다 (출 17:9).

1) 싸우시고 구원하시는 분은 예수 그리스도 자신이시다(히 2:10).

2) 군인은 무기를 다룰 줄 알아야 한다(출 17:13, 시 149:6-9).

3) 육신을 다루는 무기는 성령의 칼이다(고후 10:4, 행 24:25; 26:28).

✍ 승리를 주신 하나님께 제단을 쌓고 그것의 이름을 "여호와 닛시"(여호와는 나의 깃발)라고 불렀는데, 『**이는 주께서 대대로 아말렉과 싸우리라고 주께서 맹세하셨기 때문**』이다(출 17:15,16).

4. 하나님과 육신 사이에는 결코 타협이나 평화가 있을 수 없다.

아말렉과의 제2차 전투(삼상 15장)

1. 아말렉을 진멸하라(삼상 15:1-3)

1) 하나님께서는 어떤 다른 민족보다 아말렉에 대해 특별한 적개심을 가지고 계신다(민 24:20, 욥 1:8-10).

2) 아말렉은 이삭의 거절된 아들, 곧 에서의 후손이다(창 36:12-16, 롬 9:13, 말 1:2,3).

3) 아말렉의 어머니는 카나안 여인, 곧 함족으로 저주받은 인종의 후손이다(창 36:2,12).

4) 히브리어에서 "아각"은 "곡"과 "마곡"과 연관이 있으며, 세 이름 모두 적그리스도와 관련이 있다. 이들은 현재 이스라엘 주변에서 교전을 벌이고 있다.

오늘날 "팔레스타인인"이라고 불리는 사람들은 카나안인들, 아말렉인들, 에돔인들, 이스마엘인들, 미디안인들, 필리스티아인들이 혼합된 사람들이다. 즉 아라비아 지역의 온갖 다른 함족들을 구색에 맞게 섞어 놓은 사람들에 불과하다(창 10장). 그들은 1948년 이래로 그들의 목표가 이스라엘 국가를 완전히 근절해 버리는 것이라고 무려 13번이나 맹세를 했다(피터 럭크만 목사의 저서 〈죽음의 재 같은 땅 이스라엘〉 참조).

5) 그리스도인은 죄와 육신과 세상에 대해 자신을 완전히 죽은 자로 여겨야 한다(롬 6:11, 갈 5:24; 6:14).

마귀는 나의 육신의 가장 연약한 부분을 시시때때로 공격합니다. 마귀의 공격에 대적하는 데 필요한 말씀들을 찾아보세요.

➡

2. 사울의 실패(삼상 15:8-35)

1) 자신의 사적인 이익을 하나님의 공의보다 위에 두었다(삼상 15:9).

2) 아각의 목숨을 우승의 기념품 정도로 여겼다. 그래서 진멸하라는 하나님의 말씀대로 하지 않은 채 아각을 살려 주었다(삼상 15:8,32).

3) 반복된 불순종으로 양심이 마비되어 죄를 짓고도 기념비를 세웠다(삼상 15:12).

4) 불순종을 영적인 것처럼 포장하였다(삼상 15:15).

5) 주를 따르는 것과 자신의 유익 중에서 항상 자신의 유익을 우선시했다(빌 3:18,19).

6) <u>철저한 회개보다 체면을 앞세웠다</u>(삼상 15:30).

7) 아말렉을 살려둠으로써 자신과 자신의 집안에 멸망을 초래하였다(삼상 15:26-28; 28:18,19, 민 32:23).

3. 아말렉을 진멸하고자 하신 하나님의 계획은 불순종한 사울에 의해 유보되고 그 계획은 에스더의 때로 미루어졌다.

아말렉과의 제3차 전투(에스더)

1. 적그리스도의 강력한 예표 하만

1) 하만은 사울이 죽이기를 거부했던 "<u>아각의 후손</u>"이다(에 3:1).

2) 하만은 모든 유대인을 죽이고자 하는 사탄적인 욕망을 가지고 유대인들에 대해 거짓 고소를 했다(에 3:8,9, 스 4:6; 11-16, 느 6:6,7). cf. 유대인들을 멸절하고자 했던 독일의 히틀러 역시 "**적그리스도의 예표**"이다.

■ 그 백성을 멸하라! 그 땅을 차지하라! ■

- 1945년 UN이 창설된 이래로 700여 가지의 결의안이 통과되었는데 그중 450여 가지가 이스라엘 국가에 관한 것들이었다.
- 선동된 팔레스타인인들이 이스라엘 국가를 없애 버리겠다며 폭탄 공격을 감행했고 유대인들은 폭탄 공격에 대응했지만, 도리어 팔레스타인인들은 자신들이 대량 학살당했다며 이스라엘을 UN에 고소했다(1948년 이래로 13개의 안건).
- 이슬람 6개국이 정당한 사유 없이 전쟁을 일으켜 이스라엘을 공격했지만, 전쟁에 패배했다. 그리고 승리한 유대인들이 그들의 땅을 차지하게 되었다. 하지만 팔레스타인인들은 유대인들이 자신들의 땅을 강탈했다는 이유로 고소했다.
- 팔레스타인 피난민들은 6일 전쟁 이전에 이미 이스라엘을 떠났다. 게다가 전쟁 이후 이스라엘로 들어온 수천 명의 팔레스타인인은 전쟁 이전에 그 땅에서 한 번도 살았던 적이 없었던 사람들인데도, 유대인들은 팔레스타인 난민 문제를 유발했다는 이유로 고소를 당했다.
- 1974년 이집트 테러분자 아라파트가 UN에서 "만일 유대인들이 헤브론, 가자, 골란 고원, 베들레헴과 예루살렘을 '알라'에게 주지 않는다면, UN은 또 다른 히틀러의 홀로코스트 범죄가 일어나게 만드는 것이다."라고 협박을 했을 때 UN 회원국들로부터 기립 박수를 받았다(〈죽음의 재갈은 땅 이스라엘〉).

3) 유대인들은 왕들의 법에 복종하지 않는다는 이유로 언제나 고소의 대상이 되었다(단 3:10-12; 6:12,13).

4) 어느 시대이든 하나님을 위해 무언가를 하려고 하는 사람들은 법을 어겼다는 누명과 함께 언제나 다른 왕을 따른다는 이유로 고소와 비난을 면치 못할 것이다(행 17:7, 눅 23:2).

5) 적그리스도는 하만과 히틀러가 실패했던 유대인 말살 계획을 거의 성공하게 될 것이다. 적그리스도는 소수의 남은 자를 제외하고 전 유대 민족을 완전히 쓸어버리게 될 것이다(계 12장).

✍ 대환란 기간 중 세계의 유대인 인구는 현재보다 1/10 또는 그 미만으로 줄어들 것이다(사 6:10-13).

2. 하만에게 절하지 않고 경의를 표하지도 않은 모르드개(에 3:2)

1) 모르드개는 "아말렉인들을 완전히 쓸어버리라"는 명령을 직접 받았던 "베냐민 지파의 후손"이다(에 2:5).

➡ 모르드케는 하나님께 저주받은 민족인, 아말렉 출신의 하만에게 절하라는 왕의 명령에 불복했다. 절을 한다는 것은 땅에다 얼굴을 대고 무릎을 꿇고 절하는 것으로서 하나님 앞에 무릎을 꿇는 것과 같은 모습이다(단 6:10, 엡 3:14).

2) 하만에게 절하는 것은 대환란 때 적그리스도와 그의 형상에게 경배하는 것의 예표가 된다(계 13:14-18).

- 유대인이 이집트에서 나왔을 때, 그들은 어떤 형상이나 우상을 만들지 말고 그것들을 섬기지도 말라는 명령을 받았다.
- 재판관기에서 유대인들이 형상을 따라 우상을 섬겼을 때 그들은 그로 인해 고통을 당했다.
- 솔로몬 왕이 형상을 따라 우상들을 섬겼을 때 그의 왕국은 파멸되었다(왕상 11장).
- 므낫세 왕이 형상을 섬기며 국가를 엉망으로 만들기 시작하자 하나님께서는 남왕국 유다에 대해 더 이상 참지 않으셨다(왕하 21장).
- 시드키야의 치리 때 여인들이 하늘의 여왕에게 분향하고(렘 44:19) 제사장들이 성전 방들 벽에 그려진 형상들에게 분향했을 때(겔 8:10,11), 하나님께서는 남왕국 유다를 포로로 사로잡혀가게 하셨다.
- 유대인들이 출애굽 이후로 포로기에 이르는 1,000년 동안 줄곧 배워 온 한 가지는 형상들 앞에 절대로 절하지 말라는 것이었다.

3. 모르드개의 승리

『유대인 모르드개가 아하수에로 왕의 다음이 되고 유대인 중에서 위대하게 되었으며 그의 많은 형제들에게서 인

> 정받고 그의 백성의 이익을 구하였으며 그의 모든 씨에게 화평을 말하였더라』(에 10:3, cf. 요 12:26, 벧전 5:6)

1) 이미 만들어진 칙령이 변경되거나 철회될 수 없었기 때문에, 또 다른 변경할 수 없는 법을 만들어 대비하게 했다(에 8:9-13).

2) 하만은 적그리스도의 예표가 되기 때문에 하만을 도와 유대인들을 파멸시키고자 했던 하만의 "열 아들들"(에 9:6,15,16)은 대환란 기간에 적그리스도와 함께 통치하는 "열 왕"을 예표한다(계 17:2, 단 2:42).

> ✍ "용"(계 12:3)과 "짐승"(계 13:1)은 둘 다 "열 뿔"을 가지고 있으며 이 "열 뿔" 또한 적그리스도와 함께 통치하는 "열 왕"을 나타낸다.

3) 유대인들은 아말렉인들의 재물에는 손대지 않았다(에 9:15).
➡ 사무엘상 15장의 불순종에 대하여 속죄하고 있는 것이다.

4) 모르드개는 이방 왕국에서 요셉, 다니엘과 함께 이방인 왕과 함께 통치했던 유대인들 가운데 한 사람이 되었다(에 8:15).

5) 아각인이 소유했던 모든 것이 유대인의 재산이 되었다.
➡ 천년왕국 기간에 유대인들은 마귀가 소유했던 모든 재산과 사람들을

책임지게 될 것이다. 유대인은 머리가 될 것이고 예루살렘은 세계의 수도가 될 것이다(롬 11:12).

6) 많은 사람이 유대인이 되었다(에 8:17).

✍ 하나님께서는 유대인을 완전히 멸절하려고 했던 아말렉인의 사악한 계획을 바꾸시고 허사가 되게 하셨다. 오히려 주님께서 유대인들을 구원하신 일을 기뻐하는 축제가 되게 하시고 그것을 기념하는 것으로 끝나게 하셨다. 그리스도인을 대적하는 원수들의 분노, 마귀의 증오, 구원받지 않은 사람들이 가하는 박해, 그리스도인을 가두거나 입을 막으며 인생을 엉망으로 만들려는 마귀의 모든 시도들이 거의 성공하는 것처럼 보일 수도 있다. 그러나 하나님께서는 그런 상황들도 들어 쓰셔서 결국 주님 자신의 찬양이 되도록 바꾸실 것이다.

■ 새롭게 깨달았거나 적용할 내용이 있다면 적어 보세요. ■

제2과
복습문제

1. 아말렉(Amalek)은 (　　　　　　)의 예표인 에서의 손자로 족장이었으다. 영적으로는 성도 안에 있는 "옛 성품" 또는 (　　　　　　)의 유형이다.

2. 모세의 손이 들어 올려졌고 아론과 훌에 의해 양쪽에서 고정된 것은 예수 그리스도의 십자가 사역을 보여 준다. 우리의 영적 전쟁은 기도로 싸우는 전쟁이며, 그것은 십자가에서 흘리신 예수 그리스도의 (　　　　　　)를 근거로 한다.

3. 주 하나님께로부터 아말렉을 진멸하라는 명령을 받았으나 하나님의 뜻보다 자신의 유익을 앞세워 하나님의 뜻에 불순종했던 이스라엘의 왕은 누구인가? (　　　　　　)

4. 히브리어에서 "아각"이란 이름은 "곡"과 "마곡"과 연관이 있으며 세 이름 모두 (　　　　　　)와 관련이 있다.

5. 하나님께 저주받은 족속의 자손인 하만에게 절하고 경의를 표하는 것은 대환란 기간에 유대인들이 적그리스도의 형상에 절하고 경의를 표하는 것을 예표한다. (O , X)

■ 복습 문제의 정답은 홈페이지(www.solomonbtc.org)에서 확인할 수 있습니다.

NOTES

제3과

이스라엘의 끝나지 않은 중동 전쟁

『내가 바위들의 꼭대기에서 그를 보며 작은 산들에서 그를 보니, 보라, 이 백성이 홀로 거할 것이요, 민족들 가운데 있는 것으로 여겨지지 아니하리라』(민 23:9).

중동 분쟁의 씨앗

제1차 세계대전이 끝난 후 팔레스타인 땅은 영국의 위임통치(1917-1948)에 들어갔다. 1947년 11월 29일에는 유엔 제181호 결의안, 곧 "영국의 팔레스타인 위임통치 지역을 분할하여 팔레스타인에 두 개의 국가인 유대 국가와 아랍 국가를 만들고 예루살렘은 국제 신탁통치 지역으로 한다."라는 결의안이 통과되었다. 이 일은 제1차 세계대전 때의 "맥마흔 선언"(1915)과 "벨푸어 선언"(1917)이 겹치면서 그 해결방안을 모색하다가 이뤄진 결과였다. 맥마흔 선언은 영국이 팔레스타인에 아랍 국가를 세워주겠다는 선언이고, 벨푸어 선언은 팔레스타인에 유대 국가를 세우는 것을 영국이 지지할 것이라는 선언인데, 이 두 선언의 충돌을 감당하지 못한 영국이 UN에 분쟁 해결을 요구하면서 도출된 결의안이 제181호 결의안이었던 것이다. 그런데 이것이 팔레스타인 땅에 네 차례의 중동 전쟁을 일으키는 분쟁의 씨앗이 되었다.

제1차 중동 전쟁(1948-49) : 독립전쟁

1. 발단

➠ 제2차 세계대전이 끝난 후인 1947년, 영국과 미국은 국제연합을 통해 팔

레스타인을 아랍인과 유대인 거주 구역으로 분리할 것을 결의했고, 영국의 위임통치가 종결되기 8시간 전인 1948년 5월 14일 오후 4시에 이스라엘의 국민평의회 의장인 "데이비드 벤구리온"이 이스라엘이 독립 국가임을 전 세계에 선포하고 임시정부가 수립되자, 주변 아랍국가들이 일제히 공격해 옴으로써 전쟁이 발발했다.

2. 전황

1) "이스라엘 국가가 더 이상 존재하지 않을 때까지 이스라엘 정부와 어떤 협상도 하지 않는다."라고 선언한 아랍 5개국(이집트, 트랜스 요르단, 이라크, 시리아, 레바논)이 선제공격을 감행했다. 당시 이스라엘군은 2만 명이었고, 아랍 연합군은 3만 5천 명이었다. 전체 인구로 보면 "이스라엘 인구 70만 명" 대 "아랍 연합국 인구 3억 8천만 명"의 대결이었던 셈이다.

2) 이집트군이 1개 전차대대와 약 1만 명의 병력을 팔레스타인 땅에 투입하면서 전투가 시작되었다. 이집트군은 전혀 준비되지 않은 상태로 국왕 파쿠르의 결단으로 투입되었기에 팔레스타인 땅의 지도도 없이, 병력을 이송할 트럭도 없이 참전했으며, 이 모든 것을 즉석에서 조달하며 전쟁을 수행하다가 모욕적인 패배를 맛보게 되었다.

3) 아랍 연합군은 압도적인 전력이었음에도 통합된 지휘체계를 갖추지 못했고 서로를 불신하는 가운데 전쟁을 효율적으로 수행하지 못했다.

4) 6월 11일 UN에 의해 1차 휴전이 성립되었다가 7월 8일 전투가 재개되었다. 그 사이 양측은 유럽으로부터 무기를 경쟁적으로 구입했고, 이스라엘

은 국제적인 유대인 상인들을 이용해 체코에서 야포와 소형 전차, 기관총 등을 공수해 왔다. 그 덕에 이스라엘은 단시간 내에 최첨단 무기로 무장한 군대가 될 수 있었고, 7월 8일 모세 다얀 장군의 지휘로 재개된 전투에서는 전세를 역전시켜 파상공세로 밀고 나갔다. 아랍 연합군의 수도인 카이로, 다마스쿠스, 암만에 선제 폭격을 가했고 탱크를 앞세워 정복해 나갔다.

5) 7월 18일 2차 휴전에 돌입했지만, 이집트가 2만 명의 병력으로 다시 공격했다가 팔루자 지역에서 이스라엘군에 포위당함으로써 패배를 인정해야 했다. 이집트군은 그곳에서 4개월을 버티다가 휴전조약에 따라 1949년 2월에 본국으로 귀환했다.

6) 이스라엘군은 여세를 몰아 시내 반도를 지나 이집트 국경을 넘어 수도 카이로와 수에즈 운하까지 진군하려고 했지만, 영국의 반대로 더 이상 나아가지 못했다. 이스라엘은 1949년 이집트를 시작으로 레바논 등과 개별적인 휴전협정을 맺었고, 이로써 전쟁은 끝나게 된다.

3. 결과와 의의

1) 이스라엘이 승리함으로써 애초에 UN이 할당해 준 영토(14,900km²)보다 5,900km² 더 넓은 영토를 획득하게 되었다. 팔레스타인 땅의 "불법 거주자들"은 그들의 마을과 도시가 531개나 파괴되었다.

2) 아랍군의 패배는 팔레스타인 땅에 있던 "불법 거주자들"(726,000명)의 대탈출을 야기했다. 그들은 이스라엘군의 후속 조치가 두려워서 스스로 살

던 집을 버리고 주변국들로 난민이 되어서 들어갔다. 약 32,000명은 휴전선 내에서 피난민이 되었고, 팔레스타인 땅에 남아 있던 아랍인들은 약 10만 명 정도가 이스라엘에서 시민권을 획득했다.

3) **<u>1949년 1월 24일 이스라엘은 이집트와 휴전협정을 했고, 다음 날 25일에는 120명으로 구성된 이스라엘 의회에서 폴란드 출신의 데이비드 벤 구리온이 초대 총리로 선출되었다</u>**.

제2차 중동 전쟁(1956) : 수에즈 전쟁

✍ 제1차 중동 전쟁 때 이스라엘을 공격했다가 팔루자 지역에서 포위 공격을 당하는 수모를 겪은 이집트 군인들 가운데 "가말 압델 나세르"가 있었다. 1952년 이집트에서는 나세르가 소속되어 있던 "자유 장교단"을 중심으로 군사 쿠데타가 일어나 왕정을 끝내고 공화정이 탄생했다. 민족주의자인 나세르는 내부 권력투쟁에서 승리하여 1956년 6월 제2대 이집트 대통령에 취임했으며, 강한 민족주의자였던 그는 과거 이스라엘군에게 당한 모욕을 갚기 위해 단단히 벼르고 있었다.

1. 발단

1) 이집트의 왕정을 종식한 나세르는 경제 개발에 박차를 가했다. 대대적으

로 토지 개혁에 착수하여 일부 귀족과 부유층에게 집중되어 있던 토지를 1인당 5에이커씩 소작인들에게 분배했다. 그다음에 그가 착수한 것은 수력발전용 댐인 아스완하이댐을 건설하는 것이었는데, 이 댐을 건설하려면 막대한 자금이 필요했다. 이 세계적인 토목공사를 위해 필요한 돈이 10억 달러(한화로 1조 원)였는데, 6억은 자체적으로 해결되었지만, 나머지 4억은 외국에 의존해야 했다. 그래서 2억 달러는 세계은행에서 융자를 받고 나머지 2억은 영국과 미국에서 융자를 받으려 했다. 그런데 미국이 융자에 대한 약속을 어기자 나세르는 수에즈 운하를 국유화하여 거기서 나온 수익으로 아스완하이댐 건설에 충당하겠다고 선언했다.

2) 수에즈 운하는 1869년에 완공되어 영국과 프랑스가 공동으로 운영하는 운하였다. 지중해와 홍해를 잇는 운하이기 때문에 이집트 영토를 가로지르고 있었다. 유럽에서 인도와 아시아로 가서 무역하려면 아프리카 최남단으로 내려가서 그곳에서 다시 북상해야 하는 어려움이 있었는데, 이 운하가 개통됨으로써 유럽에서 아시아로 가는 뱃길이 6,000km 이상이나 단축되었다. 시간으로 보면 아프리카 대륙을 멀리 돌아가지 않고 유럽에서 인도양으로 곧바로 갈 수 있기에 수개월을 단축하게 해 준 셈이다. 이러한 운하를 이집트가 손아귀에 넣었으니 영국과 프랑스가 가만히 있을 수 없었다. 그래서 그들은 이스라엘과 손잡고 작전을 꾸민 것이다.

2. 전황

1) 수에즈 운하를 빼앗기고 싶지 않았던 영국과 프랑스는 이집트로부터 위협을 받고 있던 이스라엘을 끌어들여 수에즈 운하를 침공했다. 이로써 제2차 중동 전쟁(수에즈 전쟁)이 발발했는데, 그들은 두 단계로 나눈 침공

계획을 세웠다. 즉 이스라엘이 시내 반도를 침공하고, 그 뒤 적절한 순간에 영국과 프랑스가 끼어든다는 것이었다. 두 번째 단계에서 이스라엘과 이집트 양국에 즉각적인 전쟁 중단을 요구하고, 이집트가 거절할 시에 그 것을 구실삼아 두 강대국이 끼어들겠다는 것이었다.

2) 1956년 10월 29일 이스라엘은 계획대로 시내 반도를 침공했고, 10월 30일 영국과 프랑스가 시나리오대로 이스라엘과 이집트 양쪽에 선전포고하고 운하 양쪽으로 20마일씩 물러설 것을 요구했다. 이 요구를 이스라엘은 받아들였지만, 이집트는 거부했다. 영국과 프랑스 연합군은 공습을 감행했고, 그 사이 이스라엘군이 시내 반도 전체를 수중에 넣게 되었다.

3) 영국과 프랑스와 이스라엘은 전쟁에 승리했지만, UN이 침략군의 즉각적인 철수와 정전을 요구하며 이에 응하지 않을 시 특별 UN군을 창설하겠다고 압박하자 11월 6일 정전을 선언했다. 이스라엘은 미국과 소련의 압박을 받아 이듬해 3월까지 시내 반도를 이집트에 반환했다.

3. 결과와 의의

➠ 수에즈 전쟁에 강대국들과 UN이 개입함으로써 이스라엘과 아랍 사이의 전쟁이 국제 분쟁으로 부상하게 되었다.

■ 새롭게 깨달았거나 적용할 내용이 있다면 적어 보세요. ■

제3차 중동 전쟁(1967) : 6일 전쟁

1. 발단

➡ 수에즈 전쟁이 있고서 10년 뒤 이집트 대통령 나세르는 시내 반도에 주둔한 UN군을 몰아내고 티란 해협을 일방적으로 봉쇄하여 이스라엘 선박이 통과하는 것을 금지시켰다. 이로써 다시 이스라엘과 아랍국가들 사이에 제3차 중동 전쟁이 일어나게 되었다.

2. 전황

1) <u>이스라엘은 선제적 예방 공격을 감행하여 이스라엘을 둘러싸고 있는 아랍국들을 이집트, 요르단, 시리아 순으로 공격하여 무력화시켰다</u>. 승리의 관건은 이집트군의 무력화에 있었기 때문에 1967년 6월 5일 아침 출근 시간에 이집트 비행장들을 공습하여 파괴시켜 버렸다.

➡ 이스라엘은 1967년 6월 5일부터 10일까지 6일 동안 세 나라 군대를 상대로 대승을 거두었고, 거기서 "<u>6일 전쟁</u>"이라는 말이 나오게 되었다. 아랍권은 그 전쟁이 6월에 있었기 때문에 "6월 전쟁"이라고 부른다.

2) <u>이집트에 있는 23개의 레이더 기지와 지중해에 주둔한 미국과 소련 해군의 레이더에 걸리지 않고 이스라엘 전투기들이 공격을 감행할 수 있었던 것은 하나님께서 그 전쟁의 배후에 계셨기 때문이다</u>. 이스라엘군은 이집트의 공군력을 완파시킨 뒤 요르단과 시리아 공군도 무력화시킴으로써

제공권을 하루 만에 완전히 장악했다. 이스라엘군은 3일 만에 수에즈 운하를 포함한 시내 반도 전체를 점령했다.

3) 제공권을 장악한 뒤 지상군의 투입이 이뤄졌는데, 이스라엘군의 전차가 이집트군의 전차보다 성능이 떨어졌지만, 훈련이 잘 된 이스라엘군은 보유하고 있던 구형 전차(AMX-13) 운용 능력이 탁월했기 때문에 이집트군의 소련제 신형 전차를 이길 수 있었다. 이스라엘 지상군은 600여 대의 전차로 시내 반도를 3일 만에 점령하여 급기야 수에즈 운하에까지 이르렀고, 이로써 나세르의 항복을 받아낼 수 있었다. 요르단도 항복했으며, 골란 고원에서 대치하고 있던 시리아군도 백기를 들고 나왔다.

3. 결과와 의의

➠ 이스라엘은 동부 전선에서는 요르단군을 제압하고 요단강 서안(예루살렘 포함)을 점령했으며, 북부 전선에서는 시리아군과 휴전 협정을 맺고 전략적 요충지인 골란 고원을 빼앗았다. 압도적인 승리를 거둔 이스라엘은 요단강 서안과 골란 고원은 물론, 가자 지구와 "시내 반도"를 점령하여, 전쟁 전에 차지하고 있던 영토(20,700km^2)의 약 3배(102,400km^2)를 차지하게 되었다.

■ 새롭게 깨달았거나 적용할 내용이 있다면 적어 보세요. ■

제4차 중동 전쟁(1973) : 10월 전쟁

1. 발단

➡ 제1,2,3차 중동 전쟁에서의 연속적인 패전에 대해 아랍국가들은 치욕을 만회하기 위해 이스라엘을 향한 복수심을 키워 나갔다. 나세르가 사망한 뒤 이집트 대통령으로 선출된 "안와르 사다트"(Anwar Sadat)는 시내 반도에서 이스라엘군을 몰아내기 위해 전쟁을 택하게 되었다.

2. 전황

1) 유대인의 금식일인 "욤 키푸르"에 이집트와 시리아가 선제공격을 감행했다. 이날이 모슬렘의 금식 기간인 라마단과 겹쳐 있었기 때문에 이스라엘은 방어태세를 느슨하게 했다가 전혀 예기치 못한 기습공격을 당했다.

2) 6일 전쟁의 치욕을 잊지 못하던 이집트는 군대를 개혁하고 신형 장비를 갖추면서 훈련과 연습을 반복했다. 1973년 10월 6일, 이집트 공군과 포대가 이스라엘군이 주둔해 있는 수에즈 동안 지역을 맹렬히 폭격했고, 시리아군이 골란 고원에서 같은 방식으로 공격함으로써 전쟁이 시작되었다.

3) 아랍의 기습에 이스라엘은 당황했는데, 공군기들은 격추되었고, 이집트가 보유한 소련제 대전차 휴대용 화기에 기갑여단들이 괴멸되기 시작했다. 이스라엘이 수에즈 운하 동안 지역에 만들어 놓은 모래 방벽은 고압력

펌프로 뚫는 훈련을 한 이집트군에게 뚫려 이집트 군대가 밀려 들어왔다. 요새화된 골란 고원 또한 이스라엘군이 그동안 있었던 세 차례의 승리로 자만한 탓에(고전 10:12) 선제 기습공격을 받고 방어선이 뚫렸다.

4) 아랍군은 과거와 달리 전투 준비가 철저히 되어 있었고, 전투 능력 또한 향상되어 있었다. 이스라엘이 전쟁의 마지노선이라 생각했던 "바레브 라인"(모래 방벽)과 골란의 요새가 너무 쉽게 무너지자 이스라엘은 큰 충격을 받았다.

5) 하지만 이스라엘은 본토의 심장부와 가까운 골란 고원을 시리아군에 5일간 맹공을 퍼부은 결과 탈환하고 전세를 역전시켰다. 시리아군은 전차 800대를 남겨 두고 철수했다. 또한 시내 반도 전선을 재정비하고 수에즈 운하를 건넌 이스라엘군은 수에즈 시내까지 진군하여 그곳에서도 전세를 역전시켰다.

6) 결국 20일간의 전투 끝에 휴전에 이른 이 전쟁은 수에즈 운하와 골란 고원에 휴전선이 형성되고 그곳에 UN군이 주둔하는 것으로 일단락되었다.

3. 결과와 의의

➠ 이집트군이 전투력이 향상되었다 해도 이스라엘군을 능가하지 못한 것은 첫째, 이스라엘은 그 배후에 하나님이 계시기 때문이고, 둘째, 전쟁으로 체면을 유지하려는 아랍국들과 달리 이스라엘은 생존을 걸고 싸웠기 때문이다. 적들에게 둘러싸인 이스라엘은 전쟁에서의 패배가 곧 민족의 생존 위협과 직결되기 때문에 누구보다도 강한 절박감과 전투 의지로 싸울

수밖에 없었던 것이다.

중동 전쟁이 주는 교훈들

1. 이집트, 곧 세상은 하나님과 성도들의 원수이다(요일 2:15-17, 약 3:4).

2. 유대인에게 약속된 것은 "거룩한 땅"이다(창 15:18-21, 출 3:5). 팔레스타인 땅에 대한 "권리증서"는 아브라함의 물리적인 후손인 유대인에게 있다.

3. 유대인은 두려움 없이 복수하며(창 34:25-31), 불리한 상황을 극적으로 역전시키는 민족이다(에 9:1-11).

4. 팔레스타인 땅에서 전쟁이 그칠 때야 비로소 세상에 전쟁이 그치게 된다(욜 3:9,10 vs. 사 2:4).

5. 그리스도인은 교회와 가족의 생존을 위하여 항상 필사적으로 영적 전쟁에 임해야 한다(히 12:4, 벧전 5:8, 엡 6:10-18).

6. 『**이방인들의 때**』(눅 21:24)에 이스라엘을 둘러싸고 일어나는 중동 전쟁은 적그리스도가 2억 명의 UN 군대를 이끌고 예루살렘을 총공격할 때 최고조에 달한다. 그러나 셋째 하늘에서 하늘의 군대들과 함께 재림하시는 주 예수 그리스도께서 그 전쟁을 끝내실 것이다(렘 25:31, 슥 12:9; 14:1-3, 계 19:11-21).

7. 천년왕국 끝에 끝없이 깊은 구렁에서 풀려나는 사탄을 따르는 무리들이 한 번 더 "예루살렘"을 공격하려 들겠지만, 하나님께로부터 내려오는 불이 그들을 삼켜 버릴 것이다(계 20:7-9). 그 이후로는 더 이상 중동 전쟁이 없다!

중동 전쟁으로 인한 영토 변화

이스라엘 영토 변화

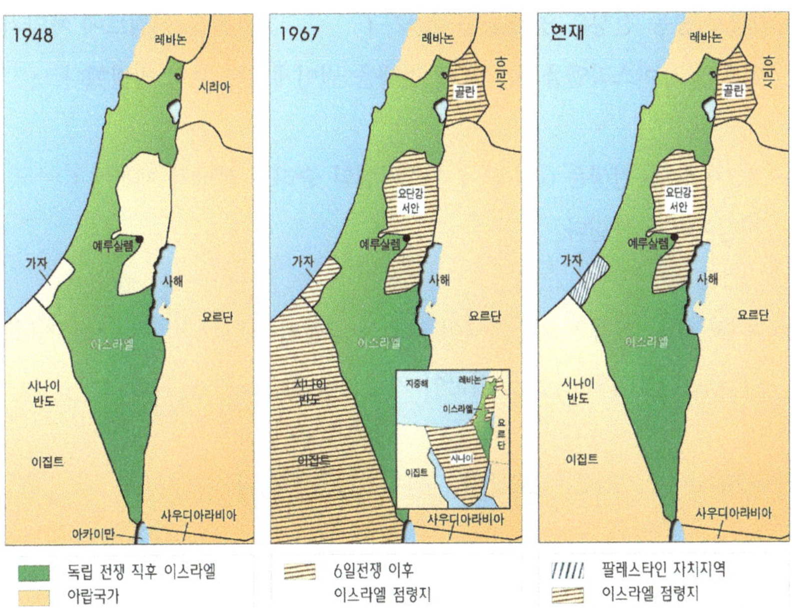

✍ 시내 반도는 넓고 관리하기가 어려워서 제4차 중동 전쟁(1973) 이후 이스라엘은 이집트와 국교를 맺으면서 이집트에 돌려주고 군대를 철수시켰다.

제3과 복습문제

1. 영국의 맥마혼 선언(1915)과 (   ) 선언(1917)이 충돌하면서 중동 분쟁의 씨앗이 뿌려졌다.

2. 제1차 중동 전쟁(1948-49)은 이스라엘의 (   )전쟁이었다.

3. 제2차 중동 전쟁은 영국과 프랑스가 (   ) 운하를 이집트에 빼앗기지 않으려고 이스라엘을 끌어들여 전쟁을 벌이게 함으로써 발발했다.

4. 제3차 중동 전쟁은 6일 만에 이스라엘의 승리로 끝났기 때문에 (   ) 전쟁이라고 불린다.

5. 제4차 중동 전쟁은 이스라엘이 그들의 명절인 (   ) 를 지킬 때 이집트를 중심으로 한 아랍군이 기습공격 함으로써 이뤄졌다.

6. 이집트, 곧 세상은 성도들의 (원수 , 친구)이다.

7. 유대인에게 약속된 것은 "거룩한 (   )"이다.

8. (   ) 땅에서 전쟁이 그칠 때 세상에 전쟁이 그치게 된다.

■ 복습 문제의 정답은 홈페이지(www.solomonbtc.org)에서 확인할 수 있습니다.

NOTES

NOTES

제4과
재판관 입다의 불편한 승리

『입다가 **주**께 한 가지 서원을 하여 말하기를 "만일 주께서 틀림없이 암몬 자손을 내 손에 넘겨주시면 내가 암몬 자손에게서 평안히 돌아올 때에 나를 맞이하러 내 집 문에서 나오는 것은 무엇이든지 반드시 **주**의 것이 되리니 내가 그것을 번제로 바치리이다."하더라』(판 11:30,31).

아홉 번째 재판관 "입다"

잇사갈 지파 출신의 재판관 "돌라"와 므낫세 지파 출신의 재판관 "야일"이 재판하던 총 45년의 기간에 이스라엘이 배교했다는 기록은 나오지 않는다(판 10:3,4; 12:8-10). 하지만 여덟 번째 재판관 "야일"이 죽은 이후 이스라엘은 또다시 배교의 늪에 빠지게 된다. 그래서 하나님께서는 이스라엘 백성들을 필리스티아인들과 암몬 자손들의 손에 넘기셔서 그들을 18년간 괴롭게 하셨다(판 10:7,8). 하지만 그들을 구원할 한 인물을 예비하셨으니, 그가 바로 길르앗 사람 "입다"이다. 그는 이스라엘을 재판할 "아홉 번째 재판관"이 된다.

창녀의 아들에서 재판관으로(판 11장)

1. "쫓겨난 창녀의 아들" 입다

✍ 하나님의 뜻이 아닌 육신의 뜻에 따라 태어난 이스마엘처럼, 창녀와의 "음행"을 통해 태어난 입다는 결국 그의 형제들에 의해 쫓겨났다(1,2절, 창 21:10). 이스마엘이 비록 육신의 뜻으로 난 여종의 아들이었지만 하나님께서 그에게도 한 민족을 이루도록 허락하셨듯이, 입다 또한 창녀의 아들로 태어났지만 주님께서는 그를 재판관으로 쓰셨다(cf. 고전 1:26-29).

2. "힘센 용사" 입다

1) 입다는 그의 형제들에게서 쫓겨나 톱 땅에 거했다(3절). 그는 "힘센 용사"였기에 주변 사람들의 호감을 샀다.

➠ 입다에게 호감을 보인 사람들은 "허영심이 강한 사람들"(vain men)이었다. 그들은 입다가 그와 비슷한 처지, 곧 사회적 약자의 위치에 있던 그들의 허영심을 충족시켜 줄 인물이라 생각하고 모여든 것이다(3절, cf. 판 9:4-5).

2) 구약에는 여호수아, 기드온(판 6:12), 나아만(왕하 5:1), 역대기에 나오는 용사들 등 많은 "힘센 용사"들이 등장한다.

➠ <u>그러나 힘센 용사가 있다고 해서 전쟁에서 모두 승리하는 것은 아니다</u>(전 9:11). 사람을 두려워하지 않고 오직 하나님만을 두려워하는 사람이 진정한 힘센 용사요(27절), 믿음의 영웅으로서(히 11:32, cf. 왕상 11:28 vs. 12:26-33) 전쟁을 승리로 이끌 수 있는 것이다.

3. "대장(우두머리)으로 추대된" 입다

1) 당시 이스라엘은 반복된 배교로 인해 암몬 자손들로부터 큰 고통을 받고 있었다(판 10:9,17,18).

➠ 그런데 시간이 흐르자 암몬 자손들은 또다시 도발을 감행해왔다(4절). 이에 다급해진 길르앗 장로들은 "우두머리와 대장"의 자리를 입다에

게 약속하면서(6절) 현 위기를 모면하려고 했다. 그들은 이스라엘의 대적과 싸울 자신들의 대장을 애타게 찾았던 것이다(10절, cf. 판 10:18).

■ 고난의 날에 나를 부르라(시 50:15) ■

길르앗 장로들이 입다를 찾는 모습에서 우리는 고난에 처한 하나님의 자녀들이 "대장"되신 주님을 찾는 예표를 발견하게 된다. 하지만 그리스도인은 이스라엘이 행했던 것처럼, 평안할 때는 하나님을 문밖에 두고 고난의 날에만 하나님께 부르짖는 그런 편의주의적인 믿음의 행보를 보여서는 안 된다(잠 1:24-31).

2) 이때 "허영심이 강한 사람들"도 길르앗 장로들의 파격적인 제안을 받아들이는데 한몫했을 것이다.

➠ 처음에 입다는 주님을 높이며, 기도로 모든 것을 아뢰는 신실한 태도를 보였다(9-11절). 하지만 자신 안에 있던 허영심이 드러나면서 결국 모든 것을 망쳐버렸다(30절, vs. 삼상 18:7).

(1) 입다는 다윗처럼 오직 주의 이름을 위해서가 아니라(삼상 17:45), 창녀의 아들로 쫓겨났던 자신의 "입신양명"(立身揚名)을 위해 "대장"(우두머리)의 자리를 받아들였다.

➠ 다시 말해 그가 부르심에 응한 동기가 불순한 동기에서 비롯된 것임을 그의 서원과 결말을 통해 알 수 있는 것이다(요삼 1:9).

(2) 입다와 비슷하게 다윗에게도 사람들이 모여들었다.

➠ 다윗에게 모여든 "고난에 처한 모든 자와 빚진 모든 자와 불만을

품은 모든 자"는 400명에 이르렀고 다윗이 그들의 대장이 되었다. 하지만 다윗은 결코 그들에게 동요되거나 그들의 부추김을 받지 않았기에 사울을 죽이지 않을 수 있었다(삼상 18:7; 22:2).

4. "예수 그리스도의 예표"로서의 입다

〈입다〉	〈예수 그리스도〉
형제들로부터 거부를 당함(판 11:2)	백성들과 형제들로부터 거부를 당하심(요 1:11)
창녀의 아들로 태어남(판 11:1)	음행을 통해 나시지는 않았으나, 바리새인들로부터 그러한 비난을 받으셨음(요 8:41, cf. 마 1:5,6,16)
피신하지 않았다면, 형제들의 손에 죽었을 것임	때가 되기 전에 유대인들을 피하시지 않았다면, 그들의 손에 죽으셨을 것임(눅 4:28-30)

5. "전쟁에 임하는" 입다의 자세(11-27절)

1) <u>기도로 시작하는 입다</u>(잠 20:18)

➠ 그는 이스라엘의 구원이 주님께 속해 있다는 사실을 아는 사람이었다(잠 21:31). 길르앗의 장로들의 제안을 수락한 그가 암몬 자손들과 마주한 이스라엘의 진영에 와서 가장 먼저 한 일은 주님 앞에 숨기지

않고 기도로 아뢰는 일이었다(11절).

2) <u>신중한 발걸음을 보인 입다</u>(잠 8:12)

➠ 그는 암몬 자손에 대한 공격을 즉시 감행하지 않았다. 우선 암몬 자손이 전쟁을 일으킨 목적과 그 정당성에 대해 사자들을 보내어 알아보게 했다(12절). 하지만 암몬 왕은 사탄이 그러하듯이 가당치도 않은 억측을 내놓으면서 그의 목적을 이루기 위해 거짓말을 서슴지 않았다(13절, 요 8:44).

✍ 암몬 자손이 자신들의 소유라고 주장했던 땅은 "아르논"에서부터 "얍복"까지와 "광야"에서 "요단"까지였는데, 과거에 아모리인들이 평화롭게 지나가기를 원했던 이스라엘 백성에게 도발했다가 빼앗겼던 땅이다(21,22절). 그런데 암몬 자손들은 지금 그 땅을 자기네 땅이라고 우기며, 평화로이 다시 돌려달라고 싸움을 걸고 있는 것이다(13절, 시 28:3, 렘 9:8).

3) <u>진리의 지식으로 무장하여 담대한 모습을 보인 입다</u>

(1) 『**입다가 이같이 말하노라**』(15절).

➠ 입다는 이스라엘의 역사에 관하여 상당한 지식을 갖춘 사람이었다(스 7:6). 암몬 자손은 화평이라는 이름으로 역사를 왜곡하면서까지 그 땅을 빼앗으려고 했다. 하지만 입다는 그들의 왜곡된 주장을 성경에 근거하여 하나씩 바로잡으면서 암몬 자손이 일으키려 하는 전쟁은 아무런 명분도 없는 위험천만한 발상임을 지

적했다.

(2) **『네가 그 땅을 차지하겠다는 것이냐?』**(23절)

➠ 입다는 전능하신 하나님 앞에 한낱 우상에 불과한 그들의 신 그모스를 언급하며, 이 땅을 어서 차지해보라고 조롱한다. 그뿐만 아니라 모압 왕 십폴의 아들 발락보다 너희들이 더 나으며, 300년 동안 그 땅을 차지한 이스라엘에게 감히 도전장을 내미는 것이냐며 용맹스러운 말들로 암몬 왕을 단숨에 압도해 버렸다(24-26절).

성경대로 믿는 그리스도인들은 마귀의 거짓 교리들에 대해 하나님의 말씀으로 대응해야 한다. 그러기 위해서는 **『진리의 말씀을 올바로 나누어 자신이 하나님 앞에 부끄럽지 않은 일꾼으로 인정받도록 공부하라.』**(딤후 2:15)라는 말씀에 온전히 순종해야 한다. 그래야만 치열한 영적 전쟁에서 말씀의 칼로 대적들을 쓰러트릴 수 있다. 이것이 바로 믿음의 용사가 갖추어야 할 최소한의 무기이다.

4) **하나님은 나의 재판관이시라**(시 68:5, 딤후 4:8).

➠ **『내가 네게 죄를 짓지 아니하였으나』**(27절, 눅 23:41). 이것은 예수님께서 하신 말씀이다(요 18:23). 죄 없으신 주님께서 인간들의 그와 같은 모순된 행동 앞에서도 아버지께 온전히 맡겼듯이, 암몬 자손의 거짓되고 허황된 주장 앞에서 입다 역시 "주께서 오늘 이스라엘 자손과 암몬 자손 사이를 심판하소서."라고 말하며 재판관이신 하나님께 온전히 맡기고 있다.

✍ 재판관 입다는 이스라엘의 재판관이신 하나님을 시인하며 기도하고 있다. 이에 반해 이스라엘의 대적인 암몬 왕은 그의 말에 절대 경청하지 않았다. 모세가 이집트 파라오에게 여러 차례의 경고를 했음에도 불구하고 그가 경청하지 않은 것처럼, 적그리스도의 유형들은 하나님의 말씀에 경청하지 않는 공통된 모습을 보인다. 그들에게는 모두 반역하는 마음이 있는 것이다(사 30:9).

6. "경고를 무시한" 암몬(28절)

1) 사탄은 하나님께서 행하신 위대한 일들을 무효로 만들기 위해 상식 밖의 행동을 서슴지 않는다.

➠ 서기관들과 바리새인들도 예수님께서 이스라엘을 구원하려고 오신 메시아이심을 인정할 수 없었기에 예수님을 십자가에 못 박았다.

2) 지금도 모슬렘들은 하나님께서 이스라엘 민족에게 약속하신 땅을 놓고 자기네 땅이라며 우기고 있다.

➠ 이 일은 대환란 때까지 지속될 것이다. 하지만 주님께서 오셔서 예루살렘에서 직접 통치하실 그 날에는 예수님의 이름 앞에 모든 무릎이 꿇은 채 예수 그리스도를 "주"로 시인하게 될 것이다(빌 2:10,11).

7. 입다의 승리 : "주의 영이 임하시니"(29절)

✍ 이제 하나님께서 역사하실 준비가 되었다. "입다"는 겸손함과 신중함과 진실한 자의 모습으로 하나님의 눈에 비쳤고, 하나님을 재판관으로 여기면서 모든 것을 주님께 맡겨드렸다. 즉 하나님께서 일하실 수 있는 준비가 완벽하게 갖추어진 것이다. 이처럼 겸손함 가운데 주 하나님을 첫째로 높여드리면(갈 6:3, 고전 15:10), 하나님의 능력이 그 성도 안에 나타나게 된다.

8. 입다의 "잘못된 서원"

1) <u>허영심에서 비롯된 경솔한 서원</u>

(1) 그는 이스라엘의 구원이 주님께 있음을 알고 있었다(9-11절).

➡ 그런데도 그는 주변 사람들을 의식하며 서원했다. "주님께서 틀림없이 암몬을 자신에게 넘겨주시면"으로 시작하는 허영심 가득하고 경솔한 서원(전 5:4)은 결국 그에게 올무가 되고 말았다(30절).

(2) 그는 자기 집 문에서 나오는 것(it)을 번제로 드리겠다고 서원했다.

➡ 창녀의 아들에서 이스라엘의 대장이라는 신분의 급상승으로 인해 그의 마음은 한껏 우쭐해졌다. 그리고 무슨 일이 벌어질지도 모르면서 경솔한 서원을 하게 된다.

(3) 입다가 놓친 사실이 있는데, 흔히 전사들이 전쟁에서 승리를 거두고 돌아올 때는, 환호하며 그들을 맞이하는 사람들이 통상 여인들이라

는 점이다.

➠ 홍해를 건넌 이스라엘이 승리의 주님을 찬양할 때 탬버린을 흔들며 경축했던 자들도(34절, 출 15:20), 필리스티아인들과의 전쟁에서 돌아온 다윗을 향해 "사울이 죽인 자는 수천이요, 다윗이 죽인 자는 수만이라"(삼상 18:7)라고 외치던 자들도 모두가 여인들이었다. 이러한 점을 고려한다면 그는 실로 어리석은 서원을 하고 만 것이다.

2) <u>무지가 낳은 비참한 결말</u>

이제 주께서 암몬 자손을 그의 손에 넘겨주신다. 그리고 전쟁에서 승리의 기쁨을 만끽하며 돌아오는 그 앞에, 그의 딸이 탬버린과 춤으로 그를 맞이하러 나오고 있다. 그녀는 무엇보다 그의 외동딸이었다. 하지만 그의 서원과 비참한 결말은 모두 그의 무지가 낳은 결과였다(35,36절, 엡 5:17).

(1) 입다의 행동은 가증하고 어리석은 행동이었다.

❶ 성경에서는 "사람을 제물로 바치는 것"을 금지하고 있기 때문이다(레 18:21, 출 13:13). 사람을 제물로 바치는 것은 이방인들의 풍습이었다(신 18:9,10, 레 20:2, 렘 32:35).

❷ 하지만 입다의 행동은 비단 입다의 문제뿐만이 아니라, 당시 재판관 시대에 이스라엘의 민낯을 드러내는 일이었다. **『그 당시에 이스라엘에 왕이 없었고 사람마다 자기 눈에 옳은 대로 행하였**

더라』(판 17:6).

(2) **그가 잘못된 서원에서 돌이킬 방법이 있었지만, 그는 말씀에 무지했다.**

➠ 즉 "어떤 사람이 서원했는데 그 서원의 내용 자체가 죄를 짓도록 만드는 것일 경우, 그는 그렇게 잘못 서원했던 것에 대해 죄를 자백하고 그것을 속죄하기 위한 제물을 제사장에게 가져가면 된다"는 레위기 5:4-6의 말씀을 몰랐던 것이다.

(3) 재판관 시대에 이스라엘 백성들이 모세의 율법 중 어느 부분이라도 읽거나 가르쳤다는 기록을 찾아볼 수 없다.

➠ 율법을 잊어버린 그들에게 "주의 말씀들을 듣지 못하는 영적인 기근"이 임했던 것이다(암 8:11). 그 결과 사람을 제물로 바치는 엄청난 비극을 초래했다.

■ 말씀에 근거하지 않은 인간의 전통(막 7:13) ■

❶ 1년에 4일씩 그녀를 애도했는데, 정작 그들이 기억해야 할 것은 하나님께서 주신 승리였다.

❷ 자신의 눈에 옳은 대로 행하는 습관에서 돌이켜야 했다.

❸ 그들은 주 하나님 앞에서 오히려 자신의 마음을 찢고 슬퍼해야 했다(욜 2:13).

■ 새롭게 깨달았거나 적용할 내용이 있다면 적어 보세요. ■

에프라임과의 내전에 휘말린 입다(판 12장)

1. 동족상잔의 비극을 초래한, 또 다른 허영심

✍ 암몬 자손에 대해 큰 승리를 거뒀지만, 그 승리도 잠시뿐 입다의 잘못된 서원으로 시작된 비극이 이제 동족간의 무자비한 내전으로 확대될 조짐을 보이고 있다. 바로 에프라임 지파에 속한 사람들이 그에게 시비를 걸어온 것이다.

1) 입다는 자신을 공격해 온 암몬 왕에게 물러서지 않았듯이, 트집을 잡는 에프라임을 향해서도 결코 물러서지 않았다.

➠ 에프라임의 주장과는 달리, 입다는 그들을 불렀으나 그들은 아무런 도움도 주지 않았다(2,3절). 그런데 뒤늦게 에프라임은 자신들의 지위에 상응하는 대접을 받고자 하여 거들먹거리며 시비를 걸어온 것이다.

2) 이들의 관계는 요셉의 때로 거슬러 올라간다.

(1) 길르앗은 므낫세의 손자다(민 26:29). 요셉의 아들인 므낫세와 에프라임이 야곱 앞에서 축복을 받았을 때 요셉이 의도적으로 장자인 "므낫세"를 야곱의 오른손 위치에 놓았지만, 야곱은 둘째인 "에프라임"을 축복했다. 장자인 므낫세가 받을 축복을 에프라임이 받은 것이다(창 48:17). 그뿐만 아니라 모세가 죽기 전에 이스라엘을 축복했을

때도 그러했다(신 33:17).

(2) 이렇듯 에프라임은 므낫세보다 늘 우월하다는 의식이 있었다. 그래서 에프라임의 이런 태도도 처음이 아니었다(8:1-3, 민 2:18-21).

(3) 하지만 내전으로 인해 에프라임 진영에서 42,000명이 전사한다(6절).

➠ 민수기 2장에서 계수된 에프라임 진영(에프라임, 므낫세, 베냐민)이 약 10만 명임을 감안할 때, 42,000명이 죽은 것은 엄청난 일이었다. 이것이 바로 허영심이 강한 자들의 결말이다.

<내전을 통해 본 영적 교훈>

❶ 그리스도인이 대적인 마귀를 대항하여 담대히 맞서 싸울 때, 항상 자신을 높이고자 하는 허영심을 반드시 경계해야 한다. 그리스도인은 진리의 영이신 성령으로 마음을 가득 채워야 할 사람이지(행 4:31), 헛된 바람, 곧 "허영심"으로 가득 채워서는 안 된다. 그것의 열매는 오직 시기와 다툼과 분열뿐이다(갈 5:14-16).

❷ 그들은 전쟁 중에 길르앗 사람과 에프라임 사람을 "쉽볼렛"이라는 단어로 구분했다. 그리스도인들은 하나님의 사람과 마귀의 편에 선 사람을 구분할 명확한 기준이 있어야 한다. 무엇보다도 그리스도인은 말이나 행실에 있어서 늘 주 예수의 이름으로 하지만(골 3:17), 세상에 속한 사람들은 세상에 관한 말을 한다(요일 4:5). 따라서 그리스도인은 항상 하나님의 말씀에 근거하여 올바른 영적 분별력을 지녀야 한다.

제4과
복습문제

1. "허영심 강한 사람들"이 입다에게로 모여들었으나, 그는 다윗처럼 오직 하나님만을 두려워함으로써 자신의 믿음을 굳건히 지켜나갔다. (O , X)

2. 입다가 길르앗의 장로들의 요청에 따라 그들의 대장이 되어 암몬과의 전쟁에 임한 것은 오직 하나님의 영광과 이스라엘의 구원을 위한 순수한 동기에서 비롯되었다. (O , X)

3. 암몬이 이스라엘 백성에게 그 땅을 돌려달라고 요구한 것은 억측인데, 이는 과거에 아모리인들이 평화로이 지나가기를 원했던 이스라엘 백성에게 도발했다가 이스라엘에 빼앗겨 넘겨진 땅이었다. (O , X)

4. 입다는 이스라엘의 역사에 관해 상당한 지식을 갖춘 사람으로서, 하나님께서 이스라엘 백성에게 행하신 놀라운 일들과 300년 동안 꼼짝도 못 하던 암몬을 지적하며 담대히 맞서는 모습을 보여 주었다. (O , X)

5. 입다는 너무 경솔하게 서원을 하고 말았다. 서원 이후에 뒤따르게 될 상황에 대한 결과를 신중하게 고려하지 않았던 것이다(전 5:4,5). 이러한 경솔한 서원은 성경에서 금지하고 있다. (O , X)

6. 입다가 자신의 딸을 제물로 드리기로 한 행동은 가증하고 어리석은 행동이

었다. 성경에서는 "사람을 제물로 바치는 것"이 금지되고 있기 때문이다(레 18:21, 출 13:13). (O , X)

7. 입다는 그 서원에 대해서 돌이킬 방법이 있었으나 성경에 무지했기 때문에 자신의 딸을 드린 것이다(레 5:4-6). (O , X)

8. 전쟁을 승리로 이끈 입다에게 에브라임 지파의 사람들이 했던 항의는 정당한 것이었다. (O , X)

■ 새롭게 깨달았거나 적용할 내용이 있다면 적어 보세요. ■

■ 복습 문제의 정답은 홈페이지(www.solomonbtc.org)에서 확인할 수 있습니다.

NOTES

제5과
그리스도의 재림과 아마겟돈 전쟁

『또 내가 하늘이 열린 것을 보니 흰 말이 보이더라. 그 위에 앉으신 분은 신실과 진실이라 불리며 의로 심판하고 싸우시더라』(계 19:11).

주의 날과 재림

성경에서 가장 위대한 사건은 "주의 날"인데, 이날과 관련된 최초의 성경 구절은 창세기 3:15이다. 『**내가 너와 여자 사이에, 또 네 씨**[뱀의 씨]**와 그녀의 씨**[여자의 씨] **사이에 적의를 두리니, 그녀의 씨는 너의 머리를 부술 것이요, 너는 그의 발꿈치를 부술 것이라.**』 이 구절에서 뱀은 사탄이며, 그의 씨는 "멸망의 아들"인 적그리스도이다. "뱀의 씨"가 머리에 상처를 입는 사건은, 예수 그리스도께서 십자가에서 죽으셨을 때 일어나지 않았고 재림 때에 일어나게 되는데, 사도 바울은 이날에 대해 『**평강의 하나님께서 사탄을 속히 너희의 발 아래서 부수실 것이니라.**』(롬 16:20)라고 기록하고 있다. 이 말씀은 갈보리 십자가 사건 이후인 A.D. 60년경에 기록되었기 때문에, 예수 그리스도께서 사탄이 육화한 존재인 적그리스도의 머리를 부수실 날은 초림 때가 아닌 미래의 재림 때임이 분명하다.

1. 요한계시록에는 예수 그리스도의 재림에 관한 묘사가 사복음서처럼 "네 번" 기록되어 있다.

➠ 각 기록에서 재림은 ① "**어린양의 진노의 큰 날**"(6:15-17), ② "**이 세상의 나라들이 우리 주와 그의 그리스도의 왕국들이 되어서 그분이 영원무궁**

토록 통치하실 날"(11:15), ③ "**땅의 포도송이라 불리는 죄인들을 진노의 큰 포도즙 틀에 던져 넣어 짓밟으실 날**"(14:17-20), ④ "『**신실과 진실**』, 『**하나님의 말씀**』, 『**만왕의 왕, 또 만주의 주**』라 불리시는 주 예수 그리스도께서 머리에 많은 왕관을 쓰시고 민족들을 심판하실 날"(19:11-16)로 묘사된다.

2. 요한계시록에는 재림하시는 주 예수 그리스도의 군대가 묘사되어 있다(계 19:11-16).

1) 재림하시는 주님께서는 『**만왕의 왕, 또 만주의 주**』이시다(16절).

(1) 주님께는 그분 자신 외에는 아무도 모르는 『**한 이름이 기록되어**』(12절) 있다. 그 이름은 우리가 『**여호와**』(יהוה, YHWH)라고 부르는 이름이다.

(2) 주님의 눈은 불꽃 같고, 머리에는 많은 왕관들이 있으며(12절), "흰 말"을 타고서 재림하신다(11절). "눈이 불꽃 같은" 분은 사도 요한이 요한계시록 3:18에서 보았던 바로 그 "예수 그리스도"이시다.

(3) 주 예수 그리스도께서는 재림 때 의로 심판하고 싸우실 것이다(11절). 그분의 입에서 나오는 예리한 칼로 민족들을 치시고(15절), 맹렬한 진노의 포도즙 틀을 밟으시기 때문에(15절) 피에 적신 옷을 입으셨다(13절).

① "의로 심판하고 싸우신다"는 것은 말을 타신 분이 누구신가를 보

여 주는데, 곧 하나님의 의이신 주 예수 그리스도이신 것이다(롬 3:21,22).

② "입에서 나오는 예리한 칼"은 **그분의 입에서 나오는 "말씀"이다**(엡 6:17, 히 4:12). 예수 그리스도께서는 『**날카로운 양날 가진 칼**』(계 1:16; 2:12)을 가지신 분으로 묘사된다.

③ 만왕의 왕께서 입으신 "피에 적신 옷"은 이사야 63:1-4에서 복수하시는 주 여호와 하나님의 모습을 보여 준다. **이사야 63장의 주 여호와 하나님이 곧 요한계시록 19장에서 재림하시는 주 예수 그리스도이신 것이다**(cf. 딤전 3:16).

2) 『**만왕의 왕, 또 만주의 주**』(16절)께서는 하늘에 있는 군대들과 함께 내려오실 것이다.

➠ 뒤따라 내려올 주의 군대는 "**초자연적인**"(욜 2:1-11) "**흰 말들을 탄 기병들**"이다(14절, 욜 2:4). 이 군대는 "**두 부류**"로 이루어져 있다.

(1) 첫째 부류는 희고 정결한 세마포를 입은(계 19:8) 그리스도의 몸 된 "**교회**"인데(14절), "희고 정결한 세마포"는 이들이 "어린양의 아내"임을 보여 준다(계 19:8).

(2) 둘째 부류는 구약과 환란 시대에 구원받은 "**이스라엘**"이며, 재판관기 5:9,10에서는 "흰 나귀들을 탄 이스라엘의 치리자들"로 예언되어 있다.

■ 새롭게 깨달았거나 적용할 내용이 있다면 적어 보세요. ■

재림과 아마겟돈 전쟁

✍ 예수 그리스도의 재림의 백미는 "아마겟돈 전쟁"에 있다(계 19:17-21). 이 전쟁은 인류 역사에서 대환란만큼이나 전무후무하게 큰 획을 그을 것이다. 셋째 하늘에서 우주를 가로질러 내려오는 초자연적인 군대와 지상의 적그리스도의 군대가 맞붙는 실로 경이로운 전쟁이 될 것이지만, 그 결과는 하늘의 군대의 완승으로 끝나게 된다.

1. 아마겟돈으로 집결하는 적그리스도의 군대

1) 적그리스도와 땅의 왕들과 이방의 군대가 예수 그리스도를 대항하기 위해 "**아마겟돈**"으로 모일 것이다(계 9:15-17; 16:12-16; 17:13,14).

2) 적그리스도의 군대 역시 "**기병대**"이며, 그 수는 "**2억**"이다(계 9:16, cf. 나 3:2,3).

3) 대환란 때 끝없이 깊은 구렁으로부터 올라오는 "**초자연적인 메뚜기들**"이 적그리스도의 기병대 안에 편제될 것이다(계 9:1-3,7-11,17-19).

2. "아마겟돈 전쟁"은 마귀가 세상 나라들을 모아서 하나님과 그분의 백성을 대적하기 위해 싸우는 전쟁이다.

1) 아마겟돈 전쟁은 그 이면에 하나님께서 민족들을 한 번에 멸하시려고 모으시는 전쟁이라는 의미도 있다(렘 25:30,31, 습 3:8, 요엘 3:9-11).

2) <u>적그리스도의 군대와 하나님의 군대가 맞붙는 지상 최대의 전쟁이 벌어질 때, 주님께서는 진노 가운데 이방 민족들을 심판하실 것이다</u>.

『너희는 낫을 대라. 이는 곡식이 익었음이라. 너희는 와서 밟으라. 이는 포도즙틀이 가득 차고 독들이 넘쳐남이니, 그들의 죄악이 크기 때문이라』(욜 3:13). 이것은 악인들을 심판하고 불못에 던지기 위한 추수로서, 하나님께서는 그들을 거두어 진노의 큰 포도즙 틀에 던져 넣고 짓밟으실 것이다(계 14:18-20; 19:15).

3. 아마겟돈 전쟁은 어떻게 치러지는가?(시 110:5,6)

1) <u>예수 그리스도께서는 그분의 입에서 나오는 "예리한 칼"(15절, "말씀")로 적들을 물리치신다</u>.

2) 아마겟돈 전쟁은 지상의 군대와 주 예수 그리스도의 초자연적인 군대 간의 전쟁이므로 온전히 전개될 리 없고 <u>"일순간"(단 하루만에)에 종료된다. 예수 그리스도께서는 "진노의 포도즙 틀"을 밟으심으로써 심판을 이루신다(계 14:20; 19:15)</u>.

3) <u>전쟁 뒤에는 위대하신 하나님의 만찬이 펼쳐진다(계 19:17-19,21절)</u>.

➡ "아마겟돈 전쟁" 때, 하늘의 새들이 와서 죽은 자들의 살을 먹는다(겔 39:4, 습 1:7,8; 3:8). 『**어디든지 시체가 있는 곳에는 독수리도 함께 모이느니라**』(눅 17:37).

4) 짐승(적그리스도)과 거짓 선지자는 산 채로 잡혀서 "불못"(마 25:41)에 던져진다(계 19:20).

5) 사탄은 큰 사슬에 묶인 채 "끝없이 깊은 구렁"에 천 년 동안 갇혀 있게 된다(계 20:1-3).

➡ 사탄은 천 년 후에 잠시 풀려나게 되는데(계 20:7), 이때 세상을 다시 한번 미혹하여 전쟁을 일으킬 것이다(계 20:8). 그때 하나님께로부터 불이 내려와 그들을 삼켜 버릴 것이고(계 20:9) 사탄은 불못에 던져지게 된다(계 20:10).

아마겟돈 전쟁과 "곡"

1. 성경에는 "곡"이라 불리는 독특한 인물이 등장하는데, 에스겔 39장에서는 이 "곡"이 아마겟돈 전쟁과 관련이 있다.

> 『그러므로 너 인자야, 곡에게 예언하여 말하라. 주 **하나님**이 이같이 말하노라. 보라, 오 메섹과 투발 왕 곡아, 내가 너를 대적하노라』(겔 39:1).

2. "곡"의 정체는 에스겔 39:3에서 그가 "적그리스도"임이 계시된다.

> 『내가 네 왼손에서 네 활을 쳐서 네 오른손에서 화살들이 떨어지게 하리라』(겔 39:3).

1) 곡의 왼손에 들린 "활"은 적그리스도와 관련 있는 무기인데, 요한계시록 6:1,2에서 『어린양』께서 첫째 봉인을 여실 때 이 활을 든 적그리스도가 출현한다.

➡ 『내가 보니, 보라, 흰 말 한 마리가 있는데 그 위에 탄 자가 활을 가졌더라. 그에게 한 면류관이 주어졌고 그는 나가서 정복하고 정복하려 하더라』(계 6:1,2).

2) 요한계시록 6장의 "흰 말 탄 자"는 19장의 예수 그리스도가 아니라 적그리스도이다.

➡ 왜냐하면 6장의 흰 말 탄 자는 "활"과 "한 면류관"과 뒤따르는 "사망과 지옥"을 특징으로 하는 반면, 19장의 흰 말 타신 예수 그리스도께서는 그분의 입에서 나오는 "예리한 칼"과 "많은 왕관"과 뒤따르는 "하늘에 있는 군대들"을 특징으로 하시기 때문이다.

3) "곡과의 전쟁"과 "아마겟돈 전쟁"이 일치함은 그 전쟁 끝에 "새들"에게 베풀어지는 "하나님의 만찬"을 통해서도 확인할 수 있다.

➡ 『네가 이스라엘의 산들 위에 쓰러지리니 너와 너의 온 부대와 너와 함께한 백성들이라. 내가 너를 몹시 굶주린 각종 새들과 들의 짐승들

에게 주어 삼키게 하리라』(겔 39:4, cf. 계 19:17,18, 마 24:28, 눅 17:37). 아마겟돈 전쟁은 "주님을 기다려 온 새들"에게(시 104:27-29, 롬 8:22,23) 가장 먼저 잔치를 베풀어주시는 자리가 될 것이다. 『**너 인자야, 주 하나님이 이같이 말하노라. 너는 모든 깃 달린 새와 들의 모든 짐승들에게 이르라. 모여 오라. 내가 너희를 위하여 베푸는 나의 제물, 즉 이스라엘의 산들 위에서 베푸는 큰 제물 사면에 모여서 너희는 살을 먹고 피를 마실지어다**』(겔 39:17).

4) 곡과의 전쟁이 끝나면 "이스라엘"과 "이방 민족들"에게 각각 깨달음이 있게 될 것이다.

➡ 『**그리하여 내가 나의 거룩한 이름을 내 백성 이스라엘 가운데 알게 할 것이요, 또 그들로 나의 거룩한 이름을 더 이상 더럽히지 못하게 하리니 이방으로 내가 주, 곧 이스라엘에 계신 거룩한 분임을 알게 하리라**』(겔 39:7).

(1) **아마겟돈 전쟁이 끝나면, 지난 2천 년간의 교회 시대 동안 하나님을 잊어버렸던 이스라엘 민족이 주 하나님의 거룩한 이름을 알게 되어 더 이상 그분의 이름을 더럽히지 않을 것이다.** 이스라엘은 아마겟돈 전쟁이 끝나면 민족적으로 회심하여 거룩하신 하나님을 섬기는 민족이 될 것이다(렘 31:33,34).

(2) **이스라엘 민족**이 대환란 끝에 민족적으로 회복되고 회심하고 구원받는 상황은 에스겔 39:25,29에서 더 강력하게 계시된다. 『**그러므로 주 하나님이 이같이 말하노라. 이제 내가 다시 야곱의 사로잡힌 자를 데려오고 이스라엘의 온 집 위에 자비를 베풀 것이며 나의 거룩한 이름을 위하여 질투하리라... 내가 더 이상 그들로부터 내 얼굴을 숨**

기지 아니하리니 이는 내가 나의 영을 이스라엘 집 위에 부었음이라. 주 하나님이 말하노라.』

(3) 아마겟돈 전쟁을 겪은 이방 민족들은 이스라엘의 하나님께서 『**주**』요 『**이스라엘에 계신 거룩한 분**』이심을 알게 될 것이다.

➡ 민족들은 예루살렘에 율법을 배우러 올라올 것이고(사 2:2,3), 이스라엘을 섬길 것인데 이스라엘을 섬기지 않는 민족들은 완전히 황폐하게 될 것이다(사 60:10-12). 『**너를 괴롭혔던 그들의 아들들도 몸을 굽혀 네게로 나올 것이며, 너를 멸시했던 모든 자들도 다 네 발 아래 엎드릴 것이요, 그들이 너를 '주의 도성'이라, '이스라엘의 거룩하신 분의 시온'이라 부르리라**』(사 60:14).

5) 곡은 들판에서 쓰러질 것이고(겔 39:5), 곡과의 전쟁이 끝나면 그들이 가지고 온 무기들을 7년 동안 불에 태울 것이다(겔 39:9).

6) 하나님께서는 곡과 그의 군대에게 그들의 무덤을 이스라엘의 한 장소에 마련토록 하실 것인데, 그 위치는 바다 동편에 있는 행인들의 골짜기가 될 것이다(겔 39:11).

7) 이스라엘 민족이 2억 명이나 되는 곡의 군대를 매장하는 데에는 "일곱 달"이 걸릴 것이고, 그 일이 전 세계에 알려져서 주 하나님께서 영광을 받으실 것이다(겔 39:12,13).

➡ 아마겟돈 전쟁에서 죽임당하고 하몬곡 골짜기에 매장될 시체들의 수는 자그마치 2억이나 되기 때문에, 전쟁이 끝나고 나서도 수개월 동안 특정한 사람들이 그 골짜기를 지나면서 시체의 뼈들을 찾아 행인들의 도움을 받아 매장할 것이다. 그 땅을 통과하는 행인들은 뼈들이

<u>눈에 띌 때마다 그 곁에 표식을 세워</u> 매장하는 자들의 일을 돕게 될 것이다(겔 39:14-16).

■ 새롭게 깨달았거나 적용할 내용이 있다면 적어 보세요. ■

제5과
복습문제

1. 성경에서 가장 위대한 사건은 "주의 날"인데, 이날과 관련된 최초의 성경 구절은 창세기 (　　:　　)이다.

2. 재림 때 의로 심판하고 싸우시는 분은 (　　　　　　　　　)이시다.

3. 적그리스도의 군대는 (　　　　　　　　　)으로 집결할 것이다.

4. 요한계시록 6장에서 "활"을 들고 등장하는 "흰 말 탄 자"는 주 예수 그리스도가 아니라 (　　　　　　　　　)이다.

5. 아마겟돈 전쟁이 끝나면 하늘의 (　　　　　　)이 와서 죽은 자들의 살을 먹는다.

6. 에스겔 39장의 곡은 아마겟돈 전쟁 때 주님을 대적할 (　　　　　　)이다.

7. 이스라엘 민족이 2억 명이나 되는 적그리스도의 군대를 매장하는 데에는 (　　　　) 달이 걸릴 것이다.

■ 복습 문제의 정답은 홈페이지(www.solomonbtc.org)에서 확인할 수 있습니다.

NOTES

NOTES

제6과

"역사"는 참으로 잔인하고 끈질기다

『그의 정부와 화평의 증가함이 다윗의 보좌와 그의 왕국 위에 바르게 세워지고, 지금부터 영원까지 공의와 정의로 그것을 굳게 세우는 데 끝이 없으리라. 만군의 **주**의 열성이 이것을 실행하시리라』(사 9:6).

역사는 참으로 질기고 잔인하다

"역사는 참으로 질기고 잔인하다." 이 말은 참된 역사책인 성경을 160회 이상 숙독하고 24,800권 이상의 책들을 두루 섭렵한 피터 럭크만 박사가 인류의 역사에 관해 내린 총평이다. 흔히들 이런 질문을 한다. "인류는 왜 존재하는가? 인생의 의미는 무엇인가? 인생에서 가장 중요한 것은 무엇인가? 인간은 죽으면 어디로 가는가? 지구의 미래 운명은 어떻게 될 것인가? 정말로 세상의 종말이 있는 것인가?" 이런 "인생의 의미"와 "인류의 운명"에 관한 질문들은 "역사"가 시작되면서 생겨났다. 역사의 시작을 알리는 위대한 선언, 즉 『**태초에 하나님께서 하늘과 땅을 창조하셨느니라.**』(창 1:1)라는 말씀이 선포된 이래로 앞선 질문들도 제기되기 시작한 것이다. 그렇다면 역사가 끝날 때 이런 질문들은 역사와 함께 사라질 수밖에 없다. 누가 이 역사를 끝낼 수 있는가? 그 권한은 역사를 시작하신 하나님께만 있다. 하나님께서 성경을 통해 역사의 시작을 선포하시지 않았다면 그런 질문들은 아무 의미도 없었을 것이다. 따라서 그 질문들에 대한 올바른 해답을 찾으려면 마땅히 참된 역사책인 성경으로 돌아가야 한다.

✍ 성경은 하나님께서 쓰신 "우주와 인류의 역사책"으로서 과거부터 현재와 미래에 이르기까지 세상의 종말과 인류, 곧 유대인, 이방인, 하나님의 교회의 운명에 관한 총체적인 예언과 미래 역사에 대한 종합적인 세계관을 제시하고 있다.

인류와 세상에 대한 부정적인 역사관

1. 인간 쇠락(타락, 붕괴)의 법칙

➠ **이 법칙은 인류의 역사에서 중력의 법칙이나 열역학 법칙들보다 더 일관되고 확고 불변한 법칙이다.**

1) "가족"이 주어졌을 때, 인간은 "불순종"과 "살인"을 저질렀다(창 2:18-4:15).

2) "긴 수명"과 "외계에서의 도움"이 주어지자, 인간은 "음행"과 "수간"과 "폭력"으로 땅을 부패시켰고 "인종 말살"을 초래했다(창 6:1-8:22).

3) 통치자에게 "권력"이 주어졌을 때, 그는 "바벨탑"을 만들어 하나님을 대적했다(창 9:1-7; 11:1-9).

4) 영적인 빛을 주기 위하여 "율법"과 "교육"이 주어지자, 인간은 "우상 숭배"를 하고 자신을 높였다(출 20장, 신 4장).

5) "올바른 지도자들"을 통해 구약성경으로 가르침을 받았을 때(모세, 여호수아, 다윗, 솔로몬의 책들 또는 지혜의 책들), 인간은 하나님의 아들을 갈보리 십자가에 못 박아 죽였다.

6) 교회 시대에 기독교 학자들이 주어지고 1,900년 이상의 "은혜의 기간"이 주어졌지만, 결국 이 세상은 사탄이 육화된 독재자(적그리스도)를 맞이하

게 되고, 또 2억 명 이상의 사람들을 몰살시키는 대환란을 맞게 된다.

7) 세계적인 승리가 주어짐으로써 육신을 입으신 하나님께서 예루살렘에서 통치하시는 "천년왕국," 곧 사탄이 활동하지 않는 의와 화평의 왕국이 이 땅에 주어지게 될 때, 인간은 그 왕국 시대의 끝 무렵에 "곡과 마곡의 전쟁"이라는 대반란을 일으킬 것이고, 그다음에는 "백보좌 심판"과 "불못"으로 이어질 것이다.

2. 전천년주의 역사관(세계관)

➠ 성경이 제시하는 미래 역사는 인류가 꿈꾸는 미래 청사진과 정반대인데, 이는 성경이 왕이신 예수 그리스도를 중심으로 하는 "전천년주의 역사관"으로 미래를 예언하는 반면, 성경을 증오하고 배격하는 인류는 인간이 신이 되어 지상 낙원을 건설하고 다스리는 인본주의적 "무(후)천년주의 역사관"으로 미래를 "예견"하기 때문이다.[1)]

✍ 인류는 하나님께서 역사 속에 깊숙이 개입하시는 것을 몹시 싫어한다. 그 결과 인류는 지난 6천 년간의 역사 속에서 수많은 실패를 반복해 왔다. 그런데도 인류는 여전히 자기들만의 방식을 포기하지 않는다. 참으로 질기고 질긴 역사이며, 목이 곧은 백성이로다! 『**자주 책망을 받으면서도 목이 곧은 자는 갑자기 패망을 당하리니, 도움이 없으리라**』(잠 29:1).

1) "전천년주의"(Pre-millenialism)는 천년왕국 이전에 그리스도께서 재림하신다는 것이고(성경적인 관점), "후천년주의"(Post-millenialism)는 천년왕국 이후에 그리스도께서 재림하신다는 것이며, "무천년주의"(A-millenialism)는 천 년이란 기간은 상징적일 뿐 실제적인 천 년은 없다고 믿는다.

인류의 역사에 관한 두 가지 명제

1. 인류의 연합과 세계 평화를 추구하는 인간의 모든 노력은 무산된다.

『악인은 손에 손을 잡을지라도 벌을 면치 못할 것이나, 의로운 자의 씨는 구원을 받으리라』(잠 11:21). 『마음이 교만한 자는 누구라도 주께 가증하니, 손에 손을 잡을지라도 그가 벌을 면치 못하리라』(잠 16:5).

1) 국가의 존립과 전쟁과 경제적인 붕괴를 두려워하는 모든 나라들은 끊임없이 다른 나라들과 더불어 "협약"과 "협정"을 맺는다. 말하자면 하나님을 신뢰하는 대신 자기와 똑같은 인간들로부터 안전을 보장받으려고 하는 것이다.

2) 세상 나라들은 협약이나 협정을 기반으로 하나가 되고 "에큐메니칼 전선"을 강력하게 구축함으로써 다가올 "미래"를 당당하게 맞설 준비를 하고 있다.

✍ 그들은 예수 그리스도께서 이 땅에 왕으로 통치하러 오시는 것을 몹시 싫어하는 "왕국 건설자들"(Kingdom Builders)이기 때문에, 다가올 "미래," 곧 재림하시는 주님을 대적하여 "당당하게 맞설 방법"으로는 그들끼리 손에 손을 잡고 하나가 되는 것밖에 없다고 생각한다. 그러나 성경은 손에 손을 잡은 그들이 산산이 부서질 것이라고 말씀한다(사 8:9,12).

3) 세계 평화를 인간의 노력으로 이룰 수 있다고 생각하는 것만큼 유치하고 어리석은 발상도 없다.

➡ 인류가 『**모든 민족들의 열망**』(학 2:7)인 "평화"를 갈망하는 것은 당연한 일이지만, 인간의 힘으로는 결코 그 열망에 도달할 수 없다. 이것이 역사적인 현실이고, 인류 역사에서 반드시 배워야 할 위대한 교훈이다.

■ 끊임없는 전쟁의 역사 ■

인류가 이룩하고자 하는 평화는 언제 오는 것인가? 평화는 없는데 그들은 계속해서 인간의 힘으로 평화를 이룩할 수 있다고 떠들어댄다. 지금 누구를 속이려 하는가? 역사를 직시하라! A.D. 70년의 예루살렘 파괴와 로마의 야만적인 침략, 샤를마뉴와 칭기즈칸의 정복 전쟁, 십자군 전쟁, 백년전쟁, 프랑스 인디언 전쟁, 미국독립전쟁, 나폴레옹 전쟁, 보어전쟁, 의화단사건, 청일전쟁, 미국 스페인 전쟁, 필리핀 내란, 제1,2차 세계대전, 한국전쟁, 베트남전쟁, 걸프전쟁, 부시 미국 전 대통령의 테러와의 전쟁 등 평화는 그 어디에도 없다! 인류 역사에서 전쟁의 행렬은 끝없이 이어지고 있다.

〈군대 역사 백과사전〉(1986)에 따르면 B.C. 3500년 이후로 4,345회의 전투가 있었고, 1900년부터 1987년까지만 해도 3,800만 명의 사람들이 전쟁에서 죽었으며, 자국의 정부에 의해(러시아, 독일, 중국, 캄보디아, 르완다 등) 죽은 사람들만 해도 1억 7천만 명에 달한다. 소위 "평화를 위한 마지막 희망"이라고 불리는 유엔이 1945년에 창설된 이후로 177회의 무장 갈등이 세계에 있었는데, 그중 12회는 굵직하고 중요한 전쟁이었고, 21회는 중간 규모의 전쟁, 23회는 반란, 16회는 권력을 찬탈하기 위한 전쟁, 36회는 정권 교체를 위한 내란, 24회는 군사력 개입이었다고 한다. **말하자면 전쟁이 끊이지 않는 것이다. 지겨우리만치 잔인한 전쟁들의 연속이다!**

2. 하나님께서는 역사를 시작하신 이래로 친히 계획하신 완벽한 형태의 정부를 이미 예언해 놓으셨다(사 9:6,7).

➡ 하나님의 직접적인 개입을 통해서만 참된 의와 화평의 왕국이 이 땅에 임할 수 있는 것인데, 궁극적으로 인간의 모든 왕국들은 멸망하고 하나님의 왕국만이 영원히 세워지게 된다.

『이들 왕들의 때에 하늘의 하나님께서 결코 멸망하지 않는 한 왕국을 세우시리니, 그 왕국은 다른 백성에게 넘겨지지 않을 것이요, 도리어 그 왕국이 이 모든 왕국들을 쳐부수고 멸하여 영원히 설 것이니이다』(단 2:44). 이것이 참된 역사책인 성경의 주제이고, 성경이 기록된 목적이다.

✍ 세상은 인간들이 종교나 교육을 통해 조금만 더 성숙해지고 조금만 더 서로를 이해하면 인류의 궁극적 목표인 세계 평화와 인류 화합이 이루어질 것이라고 착각한다. 지난 6천 년 동안 성숙해 왔으면 충분히 성숙한 것 아닌가? 도대체 얼마나 오랜 세월이 더 지나야 그들이 원하는 수준의 성숙에 도달할 수 있단 말인가? 지금까지 인류 연합과 세계 평화를 이루기 위한 인간의 계획과 노력 중에서 영속하는 성공을 이룬 것이 있었는가? 오히려 그 모든 것들은 전쟁, 폭동, 혁명, 내전, 감옥, 정신병동, 법정 소송, 국가 부채 그리고 썩은 시체들로 귀결되었을 뿐이다.

미리 기록된 역사책인 성경에 의하면, 앞으로 가장 큰 두 번의 전쟁이 일어날 것인데, 그 전쟁들을 막기 위해 인간이 할 수 있는 일은 아무것도 없다. "인류의 역사는 참으로 질기고 잔인하다." 주된 원인은 인류가 역사로부터 교훈을 배우지 않기 때문이다. 하나님께서 쓰신 인류의 역사책인 성경이 무엇이라고 말씀하는지 귀를 기울여야 한다. 하나님께서 계획하신 왕국의 도래를 기다리라! 인간의 방식을 버리고 하나님의 방식을 따르라! 주님의 방식은 단 한 번도 실패한 적이 없기 때문이다.

■ 새롭게 깨달았거나 적용할 내용이 있다면 적어 보세요. ■

NOTES

< 추 천 도 서 >

여호수아

피터 S. 럭크만 지음 / 584쪽 / 30,000원

여호수아서의 핵심 주제는 "전쟁"이다. 그리스도인들에게 물리적으로 적용될 수는 없지만, 영적 전쟁을 보여 주는 그림으로서 중요한 영적 교훈들을 제시한다.

성경지도

편집부 지음 / 112쪽 / 15,000원

이 책 한 권으로 성경의 지리들을 이해함과 동시에, 구약과 신약에 있어 개론적으로 알아야 할 모든 것들을 이해할 수 있게 된다.

하나님의 나라와 천국

피터 S. 럭크만 지음 / 280쪽

12,000원(eBook 4,900원))

본서는 천국(Kingdom of Heaven)과 하나님의 나라(Kingdom of God)를 구분하여 정확하게 알려준다.

죽음의 재 같은 땅 이스라엘

피터 S. 럭크만 지음 / 520쪽

25,000원(eBook 9,900원))

역사적으로 가장 수난을 많이 당한 민족임에도 불구하고 여전히 인류 역사의 중심인 이스라엘의 모든 것들을 제시한다.

솔로몬 성경공부 시리즈

성경에 등장하는 전쟁의 역사 I

초판1쇄 2020년 12월 11일
초판3쇄 2021년 5월 28일
지 은 이 / 편 집 부
발 행 인 / 이 송 오
발 행 처 / 말씀보존학회
출판등록 / 1988. 12. 12. 제16-223호
주 소 / 서울 강서우체국 사서함 제90호
전 화 / (02) 2665 - 3743
팩 스 / (02) 2665 - 3302
인 터 넷 / www.biblemaster.co.kr

잘못된 책은 바꿔 드립니다.

값 10,000 원